考古学リーダー26

市制施行60周年記念事業シンポジウム
三角縁神獣鏡と3～4世紀の東松山

東松山市教育委員会 編

六一書房

三角縁陳氏作四神二獣鏡

(鏡写真提供:奈良県立橿原考古学研究所)

東松山市8号墳出土捩文鏡

はじめに

　東松山市市制施行60周年記念事業として開催いたしましたシンポジウム「三角縁神獣鏡と3～4世紀の東松山」の記録集が、このたび六一書房の考古学リーダーシリーズにまとめられ刊行の運びとりました。

　平成23年10月埼玉県では初、関東でも40数年ぶりとなる三角縁神獣鏡の発見は、一般的に「卑弥呼の鏡」といわれている鏡でもあることから、その話題性と関心の高さは想像以上に大きく、テレビ、新聞等多くの報道機関に取り上げられることとなりました。当市ではこれまでも短甲等の出土により、当地域がヤマト王権と何らかのつながりがあったことが考えられてきましたが、今回の発見により早い段階からその関係を示すものとして、大変貴重な資料となりました。

　平成24年度には、三角縁神獣鏡の保存処理と複製品の製作を、平成25年度には、国立歴史民俗博物館の協力を得て分析した詳細な成分分析比のデータに基づき、鏡が造られた当初の輝きを再現するための復元鏡を完成させ、多くの方々に「三角縁神獣鏡の当初の輝き」をご覧いただき、あわせて文化財講演会を開催いたしました。さらに、市制施行60周年を迎えた平成26年度には、本書出版の契機となりましたシンポジウムを多くの参加者のもと開催することができました。

　本書の刊行にあたり、発見当初から御指導いただいた車崎正彦先生をはじめ、シンポジウムに参加いただいた菅谷文則先生、上野祥史先生、北條芳隆先生、坂本和俊先生ほか関係していただいた多くの先生方に厚く感謝申し上げるとともに、本書を通し、いっそう地域の歴史に関心をもっていただけることを願って刊行の挨拶とします。

　　　　　　　　　　　　　　　　　　　　　東松山市教育委員会教育長
　　　　　　　　　　　　　　　　　　　　　　　　中 村 幸 一

刊行にあたって

　この度六一書房様のご協力をいただき、東松山市市制施行60周年記念事業として開催したシンポジウム「三角縁神獣鏡と3〜4世紀の東松山」の記録集を刊行いたしました。
　本シンポジウムでは、奈良県立橿原考古学研究所所長の菅谷文則先生をはじめ、上野祥史先生、北條芳隆先生、坂本和俊先生、車崎正彦先生など、考古学の第一線で活躍されている先生方にご参加いただき、ヤマト王権と地方勢力との関わりから東松山市で発見された三角縁神獣鏡の歴史的意義とその背景について、それぞれの立場から講演とパネルディスカッションをしていただきました。皆様には、本シンポジウム開催にあたり、多大なるお力添えを賜り、改めて感謝申し上げる次第です。
　平成23年10月、本市において埼玉県では初となる三角縁神獣鏡が発見されました。これは、東松山市域が古代ヤマト王権と強い関係性をもっていたことを示す貴重な文化財であり、東松山市の成り立ちを知るうえで重要な資料となります。平成26年3月には、国立歴史民俗博物館のご協力をいただき、成分分析を基に当時の輝きを再現した復元鏡を完成させました。三角縁神獣鏡および復元鏡を一目見ようと、今なお多くの方が全国各地から本市に訪れ、また、シンポジウム当日は市内外から大勢の皆様にお越しいただき、会場が埋め尽くされました。本市としても、東松山市で三角縁神獣鏡が発見された歴史的意義を探りながら、引き続き貴重な文化財を有する歴史豊かなまちとして発信してまいります。
　結びに、本書の刊行にご協力いただいた全ての皆様に重ねて厚くお礼申し上げるとともに、本書を通じて多くの皆様が東松山市の悠久の歴史について関心を深めていただくことをご期待申し上げます。

東松山市長　森田光一

目　次

はじめに ………………………………………………………………… i
刊行にあたって ………………………………………………………… iii
例　言 …………………………………………………………………… vi

第Ⅰ部　三角縁神獣鏡が映しだす古墳時代

記念講演
　古墳出土の鏡から歴史を考える　………………菅谷文則　3
基調講演 1
　三角縁神獣鏡にうつる
　　東アジア世界と古墳時代　………………………上野祥史　29
基調講演 2
　関東地方への前方後円（方）墳の波及を考える
　　―東松山市高坂 8 号墳を素材として―　………北條芳隆　43
基調講演 3
　集落遺跡が語る東松山の 3～4 世紀の社会　……坂本和俊　67

第Ⅱ部　討論の記録

　三角縁神獣鏡と 3～4 世紀の東松山　……………………………… 89

第Ⅲ部　東松山市出土の三角縁神獣鏡の研究

東松山市で三角縁神獣鏡が
　　発見されたことについて ……………………………… 佐藤幸恵　123
三次元計測からみた高坂古墳
　　出土の三角縁神獣鏡 …………………………………… 水野敏典　133
三角縁陳氏作四神二獣鏡のX線による調査 ……………… 永嶋正春　143
高坂古墳群出土青銅鏡の鉛同位体比分析結果 …………… 齋藤　努　159
東松山市の三角縁神獣鏡 …………………………………… 車崎正彦　163

おわりに ……………………………………………………………………　175

付　録
　付録1　埼玉県弥生・古墳時代出土鏡集成 ………………………………　177
　付録2　埼玉県古墳時代前期墳墓集成 ……………………………………　189
　付録3　埼玉県古墳時代前期の
　　　　　外来系土器出土集落遺跡集成 …………………………………　192

執筆者一覧

例　言

・本書は、2015年1月17日に東松山市松山市民活動センターホールで開催されたシンポジウムの開催記録である。
・第Ⅰ部の記念講演、第Ⅱ部の討論の記録については、当日のテープ起こしをしたものを、第Ⅰ部の基調講演1～3については、発表資料を基に加筆していただいたものを、また第Ⅲ部東松山市出土の三角縁神獣鏡の研究および付録については、シンポジウムでの発表要旨資料の資料編として掲載したものを一部加筆・修正したものである。
・シンポジウムの日程は次のおりである。

　平成27年1月17日（土）
　　菅谷文則　記念講演「古墳出土の鏡から歴史を考える」
　　上野祥史　基調講演1「三角縁神獣鏡にうつる東アジア世界と古墳時代」
　　北條芳隆　基調講演2「関東地方への前方後円（方）墳の波及を考える
　　　　　　　　　　　　　―東松山市高坂8号墳を素材として―」
　　坂本和俊　基調講演3「集落遺跡が語る東松山の3～4世紀の社会」
　　パネルディスカッション「三角縁神獣鏡と3～4世紀の東松山」

　当日、使用した資料集　市施行60周年記念事業『三角縁神獣鏡と3～4世紀の東松山』発表要旨資料を併せてご参照願いたい。

第Ⅰ部

三角縁神獣鏡が映しだす古墳時代

記念講演

古墳出土の鏡から歴史を考える

菅 谷 文 則

　こんにちは。朝早くから足をお運びいただきまして、私も関西から来た甲斐があったと喜んでおります。ちょっと講演に移る前に、先ほど司会の方が自己紹介されたんですが、私自身の来し方を申します。私は奈良県でも山奥に育ちまして、高等学校になるまでは朝日も夕日も見たことがないという、山の中の小盆地に生まれました。高等学校の時に初めて奈良盆地に出てきたとき二上山に沈む夕日を見て「へ、こんな立派な」と思いそれ以来私は夕日が大好きで、どこに行っても夕日を見るというのが趣味です。
　高等学校1年生の時、奈良のローカル紙大和タイムス（現・奈良新聞）に、メスリ山古墳（当時は東出塚古墳と言った）を発掘しているけど手伝う人がいないんで、中学生でも高校生でもなんでもいいから来たい者は来いということが書かれていました。私は往復ハガキを買いまして、担当されていた伊達宗泰先生におハガキを出しまして、行ってもよいかと希望しますと、来いということだったんで1年生の冬休み、ちょうど高等学校は12月7、8日で試験が終わりますので、あとずっと学校を休みまして、発掘調査に行っていました。2年から3年生になる時に、大和天神山古墳を発掘するので、君それにも来いと。ちょうどその時は修学旅行の日程が組まれていたんですけど、それをやめまして、発掘調査に行きました。なんじゃかじゃしとるうちに、高校生の時代には発掘調査ばかりやっていました。
　そういうなかで、私は古墳に興味をもちまして、それから約30歳くらいまでは古墳のことばかり考えていました。昭和43年に奈良県に勤めまして、橿原考古学研究所で発掘をするようになりますと、当時の所長の末永雅雄先

第Ⅰ部　三角縁神獣鏡が映しだす古墳時代

生から「君は東洋史を副専攻してたから、漢文読めるやろ」と言われ「はあ、ちょっと読めます」と言うと、それじゃ君は飛鳥京跡の発掘調査をしろということになりまして、約12、3年飛鳥京跡の発掘をしました。今度は日中国交回復したので、中国へ留学生を出せるからということで、留学生として、1979年9月27日から、2年と4日間、北京へ行くことになりました。北京から帰って来たら中国考古学をやれとかいうことになりまして、人生二転三転して滋賀県立大学でもずっと中国の調査をしていました。今、橿原の所長になりますと日本の考古学、奈良の考古学をやらざるを得ないんで、先祖回帰というか20歳代に戻って、古墳のことを、あるいは遺跡のことをもう一度虚心坦懐に、学部の2、3回生に戻ったつもりでやりはじめようと思っております。

「古墳出土の鏡から歴史を考える」という話の前に、まず自分の若き日のことを申し上げました。なぜかというと、高校生の身でありながら今言ったいくつかの古墳の発掘調査を通して、三角縁神獣鏡を発掘したり、その一部を手にしたのを数えますと、47、8枚は掘っておりましたので、古墳出土の銅鏡に興味をもったわけであります。

第1図　下池山古墳出土鏡（直径37cm）

第1図の鏡は、後でも話をしますが、古墳時代に日本人が作った。当時日本人という概念はないと思うんですけど。日本の列島で作ったという鏡であります。仿製鏡です。この鏡は私に言わすと三角縁神獣鏡よりもう一つグレードが高い鏡であると考えている鏡であります。

シンポジウムのコー

ディネーターの車崎先生とは三角縁神獣鏡の考え方が違うということを前置きしてお話しします。この三角縁神獣鏡を昭和時代の高等学校の教科書にまで出るほど有名にし、意義づけをしたのが小林行雄先生です。小林先生が戦後真っ先に出されたのが『古墳の話』(岩波書店 1959 年) です。これ今はもう品切れになっていますが、長らく再版、3 版、4 版と出た本です。私は高校生の時に読みましたら、先生の本心がいっぱい書かれておりまして、びっくりするものであります。

この本に限って読みますと、大和の政権への従属の勧告という、つまり三角縁神獣鏡というのは、大和朝廷、大和の政権に従属した時に従属の証として配布した。言い方を変えると選挙に通った時、当選証書をもらうようなもんだと。あるいは今も外国の君主が日本に来られると、天皇から最高の勲章を差し上げられる。そんなご理解をされたと思います。その時は、従属とか、政権とかいう単語を使って、政権は途中から大和朝廷に、単語が次の本ぐらいから変わっていくんです。最初は政権という主体性がどこにあるかわからない単語を使ってらっしゃったんですが、のちにはもう天皇制をそのまま認めるという単語に置き換えていきます。1965 年に学生社からお出しになった『古鏡』になりますと、従属の代償という単語で、もう奈良県に立派な王権があって、失礼ですが東松山はその下であるというように、上下を確実に組んだ議論を作って、それを三角縁神獣鏡というものを武器にして論じられたわけであります。

戦前のそれまでの日本の歴史は、神話から始まりまして、伊弉諾、伊弉冉がいらっしゃって、その次に天照大神というような人がいて、そして神武天皇という人がいらっしゃるという話でした。この本が出たのが昭和 25~28 年です。終戦を迎え古い歴史を切ってしまうという時に、それじゃ新しい事実、正しい歴史はどういうものかということが、日本中が欲してた時なんです。実は戦前の小学校、中学校の教科書には、縄文土器も弥生土器もそういう単語はありません。突然、神武天皇とか天照大神から始まったわけです。

そういった時代、小林先生は同笵鏡の分有関係図 (第 2 図) というのを作られた。古墳時代を表現されているんでありますが、北九州、中国、近畿、

第Ⅰ部 三角縁神獣鏡が映しだす古墳時代

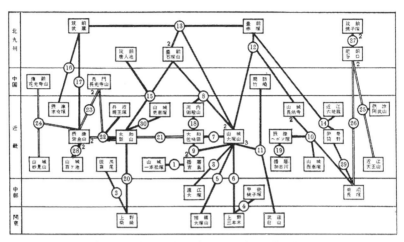

第2図 小林行雄の最初の同笵鏡の分有関係図

中部、関東というように、現在の行政区域の区分に従って分けていらっしゃいます。これは非常に自分に都合のいいように、私は恣意的にすごい学問業績だと思っています。今も近畿の古墳数が多く見えるように区分していまして、非常に説得力がある論文をお書きになりました。文章を書いたり話をする時の、いつどこで誰が何をどうしてという5W1Hを組み合わせ全てを解決したという論文をお書きになった。それがこの第2図の解説書であります。

戦後、我々は歴史の行方、日本国家の発生、日本というものの姿をどう考えていくかと悩んでいた時に、大きな光明、灯台が灯ったわけであります。小林先生自身はさらに、日本の天皇の崇神、垂仁、景行というこの3代の天皇を、神武、綏靖、安寧、懿徳、孝昭、孝安、孝霊、孝元、開化、崇神、約10代の時代のなかでどうしようかと踏み込まれました。これについては第二次世界大戦というよりももっと前、江戸時代末期にすでにいろんな学者が議論していたんです。神武天皇の日本語の名前は、始馭天下之天皇というとあります。これは古事記。日本書紀ではなく古事記を読みますと、それは崇神天皇に与えられてる名前と一緒だから、その崇神天皇と神武天皇は同一の人物なんだと考えられています。それに神武、綏靖、安寧……開化という9人の天皇をあとで中入れして、紀元前660年辛酉の年に、日本の建国をもっ

6

ていこうということを考えた。そのように日本書紀が作られたということを先鞭づけたのは、新井白石であります。邪馬台国論争最初に議論深めたのは、江戸時代のあの政治家として有名な新井白石でありました。そうして、崇神天皇、垂仁天皇から日本の天皇120何代のうち約10代を除いたら正しいということを、文献史学の方は言い出していたんです。その中心になっていたのは、東京大学の国史学研究室、今は国史学とは言わないんです。国史学の坂本太郎先生、そして井上光貞先生で、このお二人が崇神からどうも事実らしいということをアピールされました。第二次世界大戦が終わりまして、天皇制を日本はそのまま戦前とは違う形ですが、天皇制を保持して現在も陛下がいらっしゃいます。恐れ多いことながら、2014年11月奈良県立美術館で行われた「大古事記展」で、両陛下の前でお話をさせていただく幸運にも恵まれたんですけど、その時に陛下が「歴史と神話と伝承はやっぱり別ですね」とおしゃって、「へ、このこういう人がそういうことをお漏らしになってもいいのかな」と思ったぐらいであります。さて、崇神以後はどうも正しいかということを、小林先生はどのように考えられたのでしょうか。

　三角縁神獣鏡は、ここから邪馬台国の話になるんですが、邪馬台国の卑弥呼が、238年もしくは239年にミッション、つまり使者、使節を魏に出した時（魏の皇帝は実は子供だったんですけど）に魏の皇帝は卑弥呼が愛いやつだということで銅鏡100枚をくれたということが、魏志倭人伝に書かれています。100枚という数字があったんで、小林先生はこの数字でいくと、鏡に同じ模様の鏡があって、当時それは5種類を限度にしてたらしいんで、それを同笵鏡とした。一つの型からドーナツを抜いていくと同じ形のドーナツが出来る。そういうようにしてそれを同笵鏡、同じ鋳型で作った鏡と命名されました。それは5枚1組だと。そうすると100枚ですから20組あればいいんだと、そういうふうに考えられたわけです。卑弥呼が亡くなったあと壱与という女性が継ぎますが、そのあと国家が混乱しました。その時に、崇神天皇という日本の現在の天皇家のご先祖様がそれをおさめた。崇神〜景行の時分にまず西日本へ行きまして、次に東日本の千葉県あたりまで行き、そのうち福島県の会津まで行って、日本を平定したというようなことが、日本書紀のストー

リーであります。日本書紀には会津まで行ったと書いてありまして、3、40年前に会津大塚山古墳で三角縁神獣鏡が出た時には、これこそ日本書紀に会津に人が来たという記録を証明するものだと言って、会津の人達は大変喜ばれました。じゃあ卑弥呼から100年あとの崇神までその鏡はどうしていたかというと、これは木の箱に入れまして、倭のどこかで保管されていた。それが崇神天皇が天皇のような地位、もしくは天皇になった時に、これを探し出してきて、これは卑弥呼が魏の皇帝からもらってきた鏡、それをおまえらやると。そのかわり私に服属しろと。これはもう買収ですよね。服属を強要したということになった。それがこの第2図の解説であります。たぶんこのへんまでは私と車崎先生も全く同じような理解だろうと思います。

第3図は私が先ほど言いました、修学旅行に行かずに発掘調査をしてた大和天神山古墳です。古墳は奈良県の天理市柳本町にあり、この古墳から300mほど離れたところに、三角縁神獣鏡が35数枚も出た黒塚古墳があります。

第3図　大和天神山古墳

木棺の中に水銀朱を取り囲むように銅鏡がおかれているのを見た時びっくりしたんですが、これが出たということがわかった時に、京都大学を定年になったあと当時天理大学にいらっしゃいました梅原末治先生が見に来られました。その時にこの鏡を見て先生が「三角縁がない、三角縁神獣鏡が1枚もない。これは異常だ」と言われてお帰りになられた。発掘担当者は伊達宗泰先生と森浩一先生でしたが、三角縁神獣鏡がないということで非常に議論になりました。

　鏡に囲まれた内側には水銀朱が詰まっていました。これは硫化水銀、辰砂でありまして、関東では埼玉県の秩父の辺

も採れるものです。日本では中央構造線沿いに採れます。これを精錬しますと体温計のあの銀色になるんですけど、水銀と硫黄とが結合したらこういう赤い色になる。熱を加えて硫黄をとばしますと水銀の玉になる。

当時この古墳には人を葬らずに貴重な水銀朱を45kgぐらいをここに入れたんだというように結論づけしたんですけど、今は人体埋葬があったということを私どもは考えています。

第4図は今話しました古墳群の分布図であります。奈良県の盆地部です。古墳群がいくつかあります。古墳時代前期初頭の纒向古墳群がありまして、このなかでは三角縁神獣鏡が出ないというのが、私の最初考え着いたことでありまして、黒塚古墳から出る以前は、大和朝廷の中心部には私に言わすと三角縁は出ないと。だから第1図に示した鏡のような、日本製の面径も大き

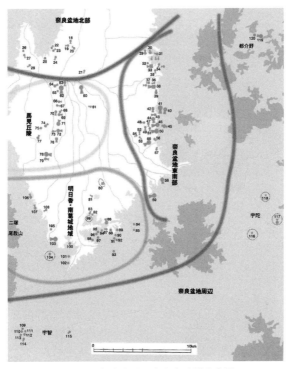

第4図　纒向古墳と大和古墳群分布図

第Ⅰ部　三角縁神獣鏡が映しだす古墳時代

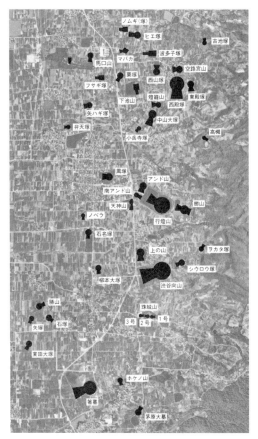

第5図　大和古墳群分布図

い、重量も大きいものがあるんだというように考えてました。私が、中国に発掘に行っている最中に黒塚古墳から三角縁神獣鏡がたくさん出た。「一度帰って来て見よ」とか言われまして、見に帰って来てギャフンと言わされたのが黒塚古墳です。

　第5図は奈良盆地の東南部の古墳群でして、主なものとしては、箸墓古墳、纒向古墳、景行天皇陵（渋谷向山古墳）、崇神天皇陵（行燈山古墳）、西殿塚古墳があります。西殿塚古墳は継体天皇の奥さんの手白香姫陵とされているが、これは間違いだろうといわれてる。ここに日本の主要な前期の古墳が集中しています。箸墓古墳は日本で最古の前方後円墳だろうという議論がありまして、この古墳以前の古墳は古墳と言っちゃならんという意見があります。大阪大学の都出比呂志先生や福永伸哉先生はそのように言われています。全長80mのホケノ山古墳は古墳ではない。古墳の形をしたお墓だけなんだというように言われております。私はそうではなしにやはりこれは古墳だと考えています。これが議論の一番大きな、今三角縁神獣鏡をどう考えるかいう場合にも大きな問題となります。日本の古墳の一番古い古墳に三角縁神獣鏡はあるのかないのかという議論はやはり大きい意味をもつと思い

ます。古墳時代初期の土師器の研究では、箸墓古墳よりも古い古墳が、中山大塚古墳（全長130m）、勝山古墳（全長115m）など、かなりの数が、纒向周辺にあります。

　第6図は第1図の鏡が入っていた下池山古墳、前方後方墳です。発掘している時、竪穴式石室の脇に変わった小さな石組みがありまして「これなんや。これ掘ってしまえ」と後輩の人達に言って、私は2週間ばかり中国の調査に行って、帰って来て見に行きましたら、もう掘り上がって鏡は出ていた（第7図）。木棺が残っていました。コウヤマキ（高野槙）製の長い木棺でした。古墳時代のうちでも前期の木棺材の多くは、コウヤマキ製です。かつて天神山古墳の木棺が、スギ（杉）を用いているとの樹種同定がありましたので、特別な棺らしいということで、木櫃として研究が進められてきましたが、コウヤマキと再同定されました。黒塚古墳の棺は、クワ（桑）の木を用いていました。これはびっくりする同定であった。さらに驚きは続いた。コウヤマキという木は木棺の棺桶となるもので、大きな棺桶では、1～4トンほどあります。今の棺桶は数人の男性でご遺体とともにも運べるんですけど、古墳時代の棺というのは持ち運びは一切できませんで、最初からお墓の中にセッティングしておきまして、それにご遺体や副葬品を入れ、蓋を掛けるというものであっただろうと思います。こういうことはもう30年ほど前に論文に書いたことがありますが、その論文は一人として引用してくれなかった論文で、私は良い論文と思ってるんですが……。

　先ほどの第1図の鏡です。これは今たぶん誰が見ても日本製だと、一般に言っている鏡であります。白銅質の非常に美しく、花びらの模様があります。8個の連弧が描かれ、四葉鈕座となっているものです。この真ん中の鈕の穴もきれいにきっちり開けており鋳バリがありません。狂いがほとんどないいい鏡です。日本の古墳出土の鏡で、面径が7、8番目に大きな鏡です。三角縁神獣鏡より二回りほど大きいものであります。

　そのあと橿原考古学研究所では、桜井茶臼山古墳という全長が210mほどの前方後円墳で、前期ではもう最大に近い古墳（第8図）ですが、今から6年前に木棺を残したままだったので、その木棺が何の材種であるかというこ

第Ⅰ部　三角縁神獣鏡が映しだす古墳時代

第6図　下池山古墳

第7図　下池山古墳　鏡出土

と等について調べようということで、私が所長になった年に再調査を始めました。余談ですが、実はこの古墳は第二次世界大戦直後に、石室が盗掘に遭っています。森浩一先生、のちに同志社大学教授が近鉄電車の窓の外を見てると、古墳の上に新しい土がいっぱい落ちているのを見てびっくりして、見に行ったら石室が露出していたそうであります。私はそんなこと知りません。その時分は小学生の1年か2年でしたんで知らないんです。それで調査をされた時に、この古墳で一番有名になったのは何かというと、埴輪の祖型、埴輪には円筒埴輪とかいっぱい種類がありますが、一番古いものは壺のような形をしてるということがわかりました。それ以来こちらの市の五領遺跡、その他でも同じ土器の形のものを探していこうということが、全国で進んできました。その結果、前期古墳の土器の形、器形、用途等がわかりました。さらにそれが岡山県の研究者、つまり近藤義郎先生らによって、変わった壺と同じ時期にもうすでに埴輪があるんだというのがわかりまして、埴輪の文化と壺の文化が混ざり合いながら非常に複雑にやっていくということがわかりました。桜井茶臼山古墳には、そういう埴輪がなくて壺しかない。

　話を戻しますと、桜井茶臼山古墳の竪穴式石室の蓋石（第9図）が出てきまして、みんな朱を塗っておりまして、この朱がどっから来たかということが議論されました。従前は日本では朱は採れないとされていて、中国から輸入したんだろうと言われておりました。理由としては魏志倭人伝に、朱を日本の卑弥呼にやったという記録があることなどを間接根拠にしていたんです。最近私どもの研究所と近畿大学の工学部とで、今朱の分析を一生懸命しております。そうしますと、古墳時代の前期の朱は奈良県宇陀市というところで採れたものということがわかりました。それから中期古墳の朱の

第8図　桜井茶臼山古墳

第Ⅰ部　三角縁神獣鏡が映しだす古墳時代

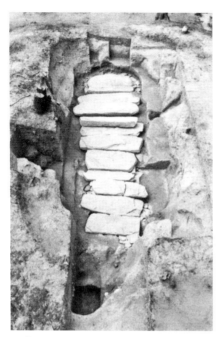

第9図　桜井茶臼山古墳　石室天井石

ほとんどが、三重県松坂市などで採れたものが多いと。そしてそれに徳島県で採れたものが混ざるというのが、ようやくわかってきました。2014年の古文化財学会でその予報を発表したところであります。

　これは石室の内部（第10図）でありますが、石全部が赤く塗られておりまして、普通壁面だけ塗るんですが、ここの古墳は6面、天井も床も前も後ろも左右全部真っ赤に塗っていました。これほど朱を用いた古墳はこれ以外今のところ見つかっておりません。第11図は石室から出た巨大な木棺でありまして、真ん中に穴が開いたりしています。これは私の推測なんですが、鎌倉時代から室町初期に盗掘されまして、木棺の木を香木として売り出すために切り取った穴です。そのついでに鏡も盗掘されたんではないかと思っています。木棺に四角い穴があり、不思議だなと思っていました。鎌倉時代後半、鎌倉の五山文化が流行った時、香木がいっぱい要る状況で盗ったらしいと。ここの古墳から出た鏡は、今何枚出土したかというのを一生懸命数えていますが、80枚ぐらいで、今発表していると思います。ごく小さい、数mm四方ほどの小破片をゆっくり数えると100枚は越えそうです。100枚ほどの鏡が全部、ペットボトルのキャップよりも小さく割られておりまして、それがなぜそんなことになったかというと、香木を取る人達は、ついでに鏡を取り上げて古墳の上まで持っていって、そこでバンバンバンバン石で割りまして、それを銅の原料として売っていた、というようなストーリーを私は考えています。

古墳出土の鏡から歴史を考える

第10図　桜井茶臼山古墳　石室

　この古墳は黒塚とどっちが古いんかというのを今議論していますけど、私どもの研究所でも茶臼山が新しいという意見が多いです。被葬者は老人の黒塚と若い茶臼山か。お互いに生きている時に顔合わせてたんやないかというように考えております。

　大量の鏡はどのように出てきたんだろうと想定した模式図（第12図）ですけど、死者の頭の上とか耳の横に鏡を置いてたんじゃないかと考えられていますが、それ以外の大量の鏡は、棺の蓋の上に模式図のように並べてたんではないかと思っています。この木棺は石

第11図　桜井茶臼山古墳　木棺

積と一緒の規模ですが、木棺をまず置いてそれから石を次々積み上げていく。蓋を置く高さまで石を積み上げ、蓋を置いてまた積み上げて蓋石を乗っけて、

第Ⅰ部　三角縁神獣鏡が映しだす古墳時代

第12図　桜井茶臼山古墳
　　　　鏡副葬推定模式図

どこか蓋石を1枚ぐらい開けといてこの棺の上に鏡を陳列していったんではないかというような、絵解きを今考えております。

そのなかにこれは車崎先生も実物を十分ご覧になった鏡なんですけど、たぶん1.5cmくらいの鏡の破片に、文字がありまして、これ見た時にもう現地で「あっ、これはすごい」ということで、当時私どもの調査を担当させておりました豊岡君から電話が掛かってきまして、すぐ来いということで行きますと、「えっ、これ！　すごいんちゃう」「群馬の柴崎古墳（柴崎蟹沢古墳）で出てる、正始と一緒やで」と言ってたんです。これを研究所に持って帰りましてよくよく調べました（第13図）。これが柴崎古墳で出た正始元年鏡の三次元計測のデータに等高線を合わせますと全く一緒で、模様も全部一緒であったということになりまして、キャラメルの半分ぐらいの大きさの鏡のカケラがあれば、どこの鏡と一緒の模様というようなことが、今は判るようになっています。この一緒の模様というものが同笵鏡といいます。議論が別れておりまして、同じ型から作るのが同笵鏡、原型からの踏み返しで作ったのが同型鏡という言い方もします。こんな言葉遊びはそろそろやめたらいいんやないかなと、私は今思っております。私自身最近はずっと富山大学の鋳金の先生ともう20年ばかり三角縁神獣鏡を作ろうということで、ずっとやってるんですけど、やればやるほど前に私自身が言ってた同笵鏡はありえないというようなこと、あるいは同型鏡も無理のようなことも自分自身で否定する文章を書いてます。これあんまり考古学の人は読んでくれない。ほとんどが鋳造学会とか古文化財学会というところで発表しております。

第14図の鏡は、奈良県の新山古墳というところから出た鏡です。直弧文鏡という種類の鏡です。似た直弧文をしているのが奈良市内の平城宮の北の方にあります日葉酢媛の古墳というのからも出土します。これも花弁8枚と4枚をうまく組み合わせて直弧文という日本にしかない模様をきっちりと表

しております。私に言わすと寸分の狂いもない立派な鏡だというように考えてます。特にこの鈕の紐を通すところが上から見ますときれいに通し切っておりまして、鋳孔に残る鋳バリという鋳造したあとのギザギザが残るんですが、それなんかもよく取られてます。だから直弧文鏡と第1図で見せた日本製の鏡を入れたのです。立派な鏡が3

第13図　桜井茶臼山古墳
　　　　三次元形状計測データ

世紀ごろ、私の説では前半もしくは中頃に日本列島、日本で充分作れる技術と原材料とその原材料をそこまで持ってくるトラフィック、交易の道があったんだということを言いたかったからであります。

　今までに申しましたことを以下に箇条書きにしておりまして、小林先生の三角縁神獣鏡同笵論と配布論がどういうものかというのを簡単にまとめております。

　①　三角縁神獣鏡には魏で鋳造されたものと、それを模して、日本列島で鋳造されたものがある。車崎先生はそうではないとおっしゃるはずでありますが、前者は舶載三角縁、これは小林先生の意見で、私の意見ではない。

　②　舶載のものと、それを模した仿製のものとは、鋳造の時期に前後の明確な時系列がある。舶載のものは239年、もしくは238年に中国の魏で作られた（短期説という）。仿製のものは、たぶん350、60年以後だと思いますが、当時の議論では350、60年以後に日本列島で作ったんだと。だから技術の差がありすぎるということを書いていらっしゃいました。

　③　舶載三角縁神獣鏡には5枚を1

第14図　新山古墳出土
　　　　直弧文鏡（直径21cm）

第Ⅰ部　三角縁神獣鏡が映しだす古墳時代

組とする同笵鏡がある。このため三角縁神獣鏡の総量を予想することができます。これは非常に大事なことで、卑弥呼からもらったのは100枚。それが現在では500枚ぐらいの三角縁神獣鏡がありますので、これにつきまして小林行雄先生の高弟でいらっしゃいました田中琢先生はどうおっしゃってるかというと、卑弥呼のミッションは数をかぞえると3回魏へ行ってると。壱与のミッションも1回行ってる。その時に100枚ずつもらってきたら全部で500枚ぐらいになるし、日本の国土が平定されつつある時だからもうちょっと余計作ってくれと言うと1回で200枚持って帰ったかもわからんてなことを、『謎の鏡』という本の中で書いていらっしゃいます（長期説）。昭和20年代から30年代には5枚1組と考えられていた。

④　舶載三角縁神獣鏡は、魏の王室が5枚1組で製作したのち、239年の倭使の朝貢に対して装封して下賜された。装封というのは魏志倭人伝にある単語、箱に入れる、そこにシールを掛けて、シールというのは粘土で作る封泥というのをちゃんとしてたはずだということであります。

⑤　倭使の帰国ののち、倭国の女王卑弥呼の在世中に大乱があったので、それは箱を開けないまま倭の某所に保管された。

⑥　4世紀となり大和朝廷が箱ごと利用した。どうしたかというと、各地の豪族が大和朝廷に服属を誓った代償として、三角縁神獣鏡を配布していった。この配布が進行し239年に魏から下賜された100枚、つまり5枚1組の20組は、大和朝廷の手元に残余がなくなったので、仿製三角縁神獣鏡を作ったと。

⑦　それもなくなってきたということで、大和朝廷では新たに下賜する宝器として、碧玉製腕飾類を制作し、同じように配った。碧玉製腕飾類というのは、グリーンタフ（緑色凝灰岩）とか碧玉とかいう石で作った腕輪とかですね。何種類かあるんですがそれを作った。最近ではさらに滑石という秩父まで行けば採れる石なんですけど、結晶片岩、緑泥片岩、秩父の青石ですね。それらの層の間に白いのが挟まっておりまして、それが滑石なんですけど、それを使って作った農耕具の模型なんかもこれに入れております。

⑧　椿井大塚山古墳からの32枚＋若干枚の三角縁神獣鏡の出土は、大和

朝廷の使臣として配布のために、派遣された人物が未配布のものを自らの墓に納めた。ちょろまかしたということですね。ほんとは報告して返さなければならないのですね。これもすごい納得性がある話であります。

⑨　魏の三角縁神獣鏡が出土した同一の古墳の中から、漢代の鏡が出土するのは地上で伝世したからである。これらの漢鏡は伝世した。だから九州の弥生時代に入ってきた鏡は九州でそのまま土の中に埋められたが、関西まで来たものはそのまま埋めずに大事に大事に父から子へ、子から孫へと伝えていった。これが伝世鏡。その根拠としては、梅原末治先生が、四国の香川市の石清尾山古墳から出た鏡をあげられました。約100年間ほど使い続けていという理由で、鏡の表面がツルツル、ヌルヌルしている。このツルツル、ヌルヌルは長期の使用によって磨耗した痕跡だとされました。実はその後、その鏡の破片が1981年鶴尾神社古墳から出て、接合しました。それを実体顕微鏡とか金属顕微鏡とかを持っていきまして調べたら、鋳型に土を使っていてその土には粒子がありますので、その粒子のあとが細かい凹凸になっていました。それがヌルヌルに見えたんだという論文報告を発表しました。これについては今のところどこからもお前らの観察が間違ってるという声を聞いていないんで、伝世鏡論も見直しに入っていると思います。

　その他いろんな論拠を示されました。舶載三角縁神獣鏡は、

①　製作地が魏の都である洛陽、これについては最近大阪大学の福永先生は洛陽の都ではこの鏡は出ないということを、我々がしょっちゅう批判的にいうもんで、中国の東北地方、遼寧省の辺で作ったというように言われています。これも何の根拠もないと思います。

②　製作年が景初三（239）年である。これにつきましても日本では、239年と教科書にも全部書いてるんですが、台湾とか中国大陸とか韓国の教科書には238年で書いております。1年違うんでなぜかと言いますと、魏志倭人伝の本文、今使っている魏志倭人伝の本文には景初二年と書かれています。日本では二年を三年に読み変えてるんです。なんで三年に変えたかというと、日本の日本書紀と関係があります。日本書紀の神功皇后という巻がありまして、神功皇后これは応神天皇のお母さんです。仲哀天皇の皇后です。今の九

第Ⅰ部　三角縁神獣鏡が映しだす古墳時代

州の佐賀県あたりでご懐妊あそばされたんですが、お腹の中におる子供が応神天皇で胎中天皇っていうのが応神天皇の別称です。そうして、その方が九州から大和入ってきた。日本書紀の、神功皇后紀に卑弥呼の遣使のことが3ヶ所に書いてあるんです。わざわざ注釈を打ってくれてるんです。ということは神功皇后は女性ですよね。ご懐妊されて。しかも九州から大和入ってるし、これはまさに卑弥呼の写しのストーリーになっているということを暗示していると考えることも可能です。それに景初3年と書いてくれてある。三国志の古い北宋の紹熙本が日本に残っています。三国志は北宋の紹興本と、紹熙本が古く、魏志3巻は紹興本が欠けているので、宮内庁所蔵の紹熙本で補っています。南宋の本よりもまだ古いわけであります。これについて学術性の高い論文を書いたのが大庭修先生です。私の恩師の一人なんですけど、先生がおっしゃるには現在の中国東北部から北朝鮮、それから中国の一部の山東省の辺まであった燕という国があって、その国が魏と倭の中間にあって、日本への交通路を通せんぼしてる。日本から卑弥呼の使いが行ったのも確実に魏志倭人伝に、朝鮮半島の現在のソウルあたりへ行って平壌行ってそれから魏の首都洛陽へ行ってますと書いてますので間違いない。そうすると238年ならば燕という国が軍事、あるいは行政的に押さえているので行けないわけですね。そこで当時の魏の皇帝の明帝が司馬懿に命令して燕を滅ぼしてこいと言ったんですね。滅ぼしに行きますという時に将軍に対して、皇帝は何日掛かると聞く。戦争ですから必ず計画はいります。すると行くのに100日、戦うのに100日、帰るのに100日、ほぼ1年掛かりますと言って実際に行かれた。当時の兵隊達はですね、今の自衛隊とかアメリカの軍隊とかのように飛行機で行くとか船で行くとかでなく、みんな歩いて行くわけです。食料はどうしたかというと羊とか豚を歩かせていくわけです。冷蔵庫ありませんから生きた動物を連れていってそこで、行く先々で殺して食べる。これは今もシルクロード往来している遊牧民族は、みんな動物蛋白は全部生きたまま持って歩いてる。殺して食べたら荷物減るわけですね。そうして行きに100日、戦争に100日、帰りに100日、それで238年の最後ぐらいに、司馬懿が帰ってきました。それで交通路が通れるようになったんで、卑弥呼はそれを気付

いてぱっと行った。すると愛いやつだと。卑弥呼はまさにその愛いやつで行ったわけですから、お土産もたくさんもらって帰ってきました。その中に銅鏡100枚があったわけです。これに対する反論を以下にまとめています。

① 三角縁神獣鏡は魏の版図内で出土例がないのに、どうして魏の王室製であるかということ。これにつきましてはですね、日本人にやるために特別にデザインをして作ったという鋳鏡説。ですからこれは魏にないのが当たり前だと。例え話ですが日本の造幣局ではですね、外国の貨幣作ってるんですね。今はもう独立行政法人になりましたが、そこでは外国の紙幣も作っております。請け負うて作って、それ日本では絶対出ないです。それと同じように日本へ輸出するために作ったんだというようになっております。これは今も多くの人がそのようにおっしゃってる。

② 魏の国内には貨幣鋳造用の銅さえなかったので、秦の始皇帝が天下の武器などを潰して鋳造し、咸陽に安置した金人までも潰している。そのために銅鏡をわざわざ作る必要がない。これを言い出したのは実は私でありまして、これは気付いたんであります。

③ 5枚1組の同笵鏡と最も重要な前提を否定する5枚以上の同笵鏡が確実に存在することがわかってきたんです。そのうち小林先生がご生存中にも11枚もの同型鏡が見つかる。これも11枚目と言ったのは網干善教さんでありました。現在までに561枚＋aの出土例があります。この561枚というのは、集成表を作っていらっしゃる岩本崇さんの数字であります。このaがどれだけあるか、私はこのaはむちゃくちゃあるんやないかと、むちゃくちゃと言ってもどのぐらいあるかわかりません。それは鎌倉時代、室町時代に古墳からでてきた鏡とかの青銅製品は、みんな鋳潰しまして銅の原料にしてしまったんですね。だからもうどれだけあるかわからないということであります。

日本では鋳潰しというのは何度もありまして、最近の銅の鋳潰しで有名なのは、第二次世界大戦末期の昭和19年ぐらいから始まった。日本中のお寺の吊鐘を大砲にする。鉄砲の薬莢にするいうので集めたのが有名な吊鐘供出であります。それの前江戸時代の末期天明年間に、幕府がお寺の吊鐘を全部

第Ⅰ部　三角縁神獣鏡が映しだす古墳時代

供出しろという命令をだしていることは、ほとんど考古学者も知らない。徳川幕府禁令集というのを見ますとちゃんと書いてあります。例えば、奈良県の上北山村という村、紀伊半島のど真ん中にあって、奈良からバスで6時間かかる所。自家用車でも4時間ちょっとぐらいかかる所でありまして、江戸時代の古文書の中に、徳川幕府がこういうことを言うてきた。お寺の吊鐘を隠す言うて、土の中へ隠したという記録があります。吊鐘供出は過去に都合2回あったのです。

その前には鎌倉時代に銅が足らなくなり、正倉院にも泥棒が入りまして、床板に穴開けまして、鏡を盗んだ。その盗んだ人が京都へ売りに行くんですね。売りに行ったんですがそれは正倉院のもんだということが発覚、俗な言葉にしますとバレまして、回収された。鏡の破片を回収した時の今で言う供述調書が正倉院に残っておりました。きれいにバラバラに割ってしまってたんですね。数年前正倉院展にその二つの資料が展示されておりましたが、これは有名な資料であります。鏡はバラバラに割って銅原料にして売ると。金属いうのは必ずリサイクルしてもう一度、二度、三度も資源として使うというのは一般的であります。このため都市鉱山という単語もあります。

④　三角縁神獣鏡の図紋と同時期の画文帯神獣鏡と比較すると、三角縁神獣鏡特有の図紋が多い。図紋の要素から日本製とされている鏡に近いということがあります。それから唐草文帯といわれるものは雲気文の変形ですが、大陸などでは一般には出てない。こういうことは三角縁神獣鏡の魏鏡説に反対する多くの人が言ってらっしゃることであります。

⑤　銘文の文字の省画と音通文字の使用。三角縁神獣鏡は銘文がありまして、漢字で美しい文章が書かれてるんですね。その文章の中にきれいな活字体ではなしに鋳型に表しますので、画数の多い字が彫りにくい。一般的に。それで省画したり音通、音が同じの字画の少ない字にしようということをしたりします。トラという字、タイガースの虎ですね。虎という字は今「虎」、「寅」ともう一個ありまして、もう2、30年前の東京都の教育長をしてた、小尾乕雄の「乕」ですね。今我々が普通に使うのは「虎」なんですが、鏡には「乕」が一番多い。省画して、画数を減らしていくと、ほんとに巾か、こざとへん

かわからんような字になる。

　⑥　三角縁神獣鏡の図紋に空白部が多い。全体に散漫な構成。これは感覚の問題でありまして、散漫といった単語をはじめて使ったのはたぶん私だろうと思うんですけど、散漫になっております。

　⑦　中国出土鏡の多くが鈕穴などの鋳バリなどを除いたうえ、磨いて、紐通しの役割を図っているが、三角縁神獣鏡の多くは鋳バリが残っていて、紐を通すと容易に鋭い金属バリによって切断されます。三角縁神獣鏡の用途が鈕に紐を通して、長期に化粧などに用いたとは考えられない。なぜかと申しますと、30枚以上の三角縁神獣鏡を出土した椿井大塚山古墳という古墳から出た鏡の中には、鈕穴が完全に塞がってるのが2枚、それから鈕バリがいっぱいある鏡がたくさんありました。観察記録を出そうかと思ったんですけど、概要だけの原稿作って出版社へ送った時に中国留学を命ぜられまして、2年間向こうにおる間に、それなんかどうでもいいというような気になりまして。写真も全部手元にあるんですけど出しておりません。

　そこで私が考えた三角縁神獣鏡の用途はですね、冠婚葬祭の「祭」です。「冠」は出世の時に着ける冠が変わりますから「冠」。「婚」は結婚式。自分の息子や娘達の結婚式。「葬」はお葬式。このお葬式について中国の古い本にですね、将軍が死んだら葬式は非常に規模が小さいと書いてある。将軍の奥さんが死んだら葬式は盛大だと書いてある。つまり出世したい人は将軍に顔見せれるわけですね。将軍が死んでしまったらなんぼ顔見せても意味がない。これ非常にリアルな話。それから冠婚葬祭の「祭」、これが日本人のほとんど、若い時の私も、みんな間違ってる。葬祭の祭りですね。秋祭りとか春祭りとか夏祭りとは全く違いまして、神道、仏教とちょっと言い方違いますけど、仏教が一番多いので例を挙げますと、一周忌、三回忌、五回忌、十回忌、二十回忌、三十回忌、百回忌、これが冠婚葬祭の「祭」であります。これは将軍とか皇帝のご先祖様祀りでありますから、臣下は馳せ参じて行くわけであります。葬祭の時にこの鏡を使うのはなぜかというと、魔除け。古代の社会では、地位の高い人は大きい魂をもってまして、その大きい魂がちょっと横向くとみんなに悪戯してしまう。子孫に悪戯をする。周辺に悪戯をするという

第Ⅰ部　三角縁神獣鏡が映しだす古墳時代

ことになるんで、それを防ぐために魂を土の中に入れ込んでいかないかん。そのためにまず大きな何トンもあるようなお棺に入れる。そこで抜け出さないように、鏡をこう頭の上に置いたり耳の側に置いたり、胸の上に置いたりする。それでもすごい人なら棺桶の上に並べます。魂が飛び出さないようにしていくというのが、私が最初考えたこと。そういうことを言ったり書いたりしたのも2、30年前なんですけど、今もそういうように考えています。

⑧　もう一つは日本列島の鉱物資源の事を全く考慮してない。併せて鏡を含む漢魏の鋳造技術が日本より技術力が優れていること。こういう前提は証明されたものでは全くございません。そのために第1図に載せた鏡、直弧文鏡という鏡の模様を出して、素晴らしいだろうというように認識していただきました。日本の技術も凄いもんだと。銅鐸も弥生時代に作れる技術がある。私はそういう意味で愛国論者であります。車崎先生の全て中国大陸鋳造説とちょうど対極にあるわけであります。

漢とか魏、晋と続きますが魏の国はどこにあったかと言うと、現在の揚子江、長江より北にあった国でありまして、残念ながら中国の当時の銅資源のほとんどは長江より南の湖南省・安徽省にありました。そこは三国時代の呉という国、孫権という人が軍事占領していて、その銅を採れない。ですから魏ができた当初はコインを発行する銅が足らなかったので、漢のコインを使ってもいいという命令をわざわざ出していました。漢から魏、そして晋へと銅貨は段々小さくなっていきます。なぜかというと500円玉より10円玉に、10円玉より1円玉にすると銅が倹約できます。これ同じ値打ちだということにしたら国家は儲かる。そういうことをどんどんやりはじめましてですね、貨幣制度が潰れていきました。晋に至っては大きいお金（大泉）と小さいお金（小泉）の二種類発行したりした。銅資源の問題は大きいことなんです。

銅資源が、日本列島で、弥生から古墳時代に採れたかどうかも問題の一つです。弥生時代から古墳時代には日本では自然銅という銅、99.9％ぐらいの銅の塊が地上に落ちていたと考えました。今も落ちてる所がありまして、この埼玉県の秩父であります。和同開珎が初めて作られたという聖神社には、こぶしぐらいの銅の99.9％の銅のインゴットがあります。そういうのがあっ

ちこっちにありまして、日本中のを探しました。すると、150ヶ所ぐらいを探し出しまして一覧表にして報告したことがあります。(「自然銅の考古学—1—」『古代学研究』150号 2000年)。『古代学研究』は、考古学の方はタイトルぐらいはご覧になってる雑誌です。鉛同位体比の分析研究が出まして、それまで水掛け論になっていました中国鏡説、魏式鏡説と日本鏡説のなかで魏鏡説を強固にしました。それが鉛同位体分析であります。平尾良光先生とか馬淵久夫先生です。この馬淵先生が一番最初に、三角縁神獣鏡に使われている銅は中国の鉛であるということをお書きになりまして、それ見たか、舶載三角縁神獣鏡は中国で作ったんだということになりました。日本で鉛が採れなかったかというとそうではない。銅はもう日本中あちこち、今日は銅鉱山は日本にはないんですが、昭和30年頃には日本中に数100ヶ所の銅山があったんです。なぜかというとこの頃は朝鮮戦争の最末期でありまして、アメリカ軍と現在の北朝鮮がドンパチやってた時でありまして、日本で大砲の玉を作ったり薬莢を作ったりしていて銅が高く売れました。ですから長く休んでいた銅山も全部稼働しました。ごく小規模の銅山も多かった。それらはその後バタッとなくなった。日本は、銅は沢山採れる。今も採れるし、採ろうと思えば採れるんですが、今日では、チリやオーストラリアとかから銅がくる。コストが安すぎてですね、日本の銅を採るのは無理だということで止めております。その一方で鉛は、なかなか日本で採れる鉱山が無いと思われています。ところが富山県寄りの岐阜県に神岡というところがありまして、そこへ行くと鉛同位体の全ての鉛のデータの鉛を採ることができるようです。これにつきましては古代に神岡という山奥の鉛は知られてなかったということで、今済まされております。それは僕は論理上おかしいと思っております。

錫につきましては、錫は日本で採りにくい鉱物です。現在の岐阜県と宮崎県、熊本県、それから鹿児島県あたりで採ることができます。槇峰鉱山がよく知られています。それから少量なら京都府でも天峯山鉱山というところと、岡山県の柵原鉱山で採ることができました。

鏡の製作には原料と加工する技術とデザイナーがいるわけです。わたしはデザイナーが大きい役割を果たしていると思います。私の友達で富山大学教

第Ⅰ部　三角縁神獣鏡が映しだす古墳時代

授でして、学者であり、あるいはアーティスト、芸術家である三船温尚さんがいます。古代社会においては手仕事は全部職人芸と言われておりました。たぶん江戸時代ではもうないと思いますが、古い古い時代はそういう職人さんは売買の対象でもありました。私のうちにはこんだけ職人おるからこれをお前んとこやる、お前んとこのうちにない職人よこせ。そんなことぐらい平気でやってたと思います。同じことで学者も三国時代ではそういう対象になってたと思います。なぜかと言うと魏は、蜀を滅ぼします。その後は魏は司馬懿が開国した晋となります。蜀は学問の中心でありました。そこの学者を自分のとこに連れてきます。身分を与えた高級な学者、身分を与えられなかった人もあったと思います。そういう人は売買あるいは移動の自由はない人達でありました。日本に技術、デザイナーを連れてきて時には原料も持ってきた。そういうようなことを考えております。

　ただ今回この東松山で、三角縁神獣鏡空白の地帯で出たということに非常に意義があると思います。関東でですね、神奈川県では2枚出てました。海寄りです。大体前方後円墳から出てるようです。それから群馬県では12枚出土しています。千葉県では2枚出土しています。群馬県では、円墳からの出土が圧倒的（円墳4基（6枚）、前方後円墳2基（3枚）、不明（3枚））に多い。それから飛んでですが、福島県で1枚だけ出てます。海沿いのコースでは千葉まで行った。これはまあ明らかに東京湾を横切って木更津へ行くのがルートでありますので、それで行く。北へ行くルートは東山道ですね。東山道で、会津大塚山古墳まで行くけど、東松山はその二つのルートの空白の地帯で、そこで三角縁神獣鏡が出たということが大事です。群馬県から来たんなら前方後円墳に無理やりする必要もないし、東松山で出た三角縁神獣鏡は、このあとご報告があるとおりちょっとややこしい出土状態ですので、難しいんですけど、群馬県つまり東山道を経て来たとしたら円墳でもいいと思います。特異な出土例ではありますが九州福岡県に、沖ノ島祭祀遺跡があります。玄界灘の孤島の宗像大社奥津宮のぐるりにある岩上でお祭りした時、岩の上にどんどん載せたのです。合せて14枚も出土しています。高坂から出た三角縁神獣鏡もお宮さんのそばからであります。可能性としては1％ぐらいだろ

うと思うんですけど、あえてわからないことをわかったように言わない方が、この高坂の三角縁神獣鏡の意義は深いんではないだろうかと、私は思っております。

　こうして笑っていただいたところで、終わらせていただきます。どうもご清聴ありがとうございました。

基調講演1

三角縁神獣鏡にうつる東アジア世界と古墳時代

上 野 祥 史

はじめに

　前方後円墳などの墳墓の築造が大きな意義をもった3世紀から7世紀にかけての期間を古墳時代とよんでいる。どの時期の古墳からも鏡は出土しており、古墳時代を通じて鏡は主要な副葬品の一つであった。鏡は古代中国世界とのつながりの深い器物である。その起源は古く遡るものの、中国世界の動きとともに東アジア各地へと広がった。日本列島には、弥生時代と古墳時代に中国鏡が持ち込まれており、それを模倣した倭鏡も登場したのである。古墳に副葬した鏡は、中国鏡も倭鏡もその源流は古代中国世界にあるのだ。

　中国鏡は、中国大陸と日本列島をつなぐ器物として古くから注目されてきた。しかし、中国鏡は東アジア世界の国際交渉を示すだけではない。中国鏡は中国世界でつくり、つかわれた器物であり、そして日本列島でもつかわれた器物である。中国世界では、当時の思想を反映して様々な鏡が生み出され、多くは商品として流通していた。そして、古墳時代社会では、倭王権と地域首長を結ぶ象徴的器物として取り扱われた。中国鏡をながめる視点は多様であり、さまざまな角度から古代東アジア世界に迫ることができる。

　ここでは、中国大陸の視点と日本列島の視点で高坂発見の三角縁神獣鏡をながめ、東アジア世界から日本列島へ、そして東方の比企地域へとクローズアップしてみたい。

第Ⅰ部　三角縁神獣鏡が映しだす古墳時代

1　つくりものとしての鏡

(1) 中国世界の鏡つくりと三角縁神獣鏡

　中国鏡は、図像と文字をもつ青銅器である。図像や文字によって、当時の中国世界がもつ意識を目に見える形で示したものである。器物の「すがた」「かたち」は、同時代の社会が求めたものに他ならない。まずは、中国世界でつくられたものとして、中国鏡をながめてみよう。

　中国世界で最も古い鏡は、甘粛地域で新石器時代の終わりごろの遺跡から出土している。王権が誕生し国家の体制がととのえられてゆく商代（殷代）から西周時代には、鼎など青銅製の器を用いた儀礼が発達し中国世界に広く普及した。饕餮文で飾る青銅容器が数多く生み出された時代のことである。この時代に青銅鏡はきわめて数が少なく、鼎などの青銅器文化とは由来・系譜が異なっていたようだ。やがて、中国世界は下剋上の実力本位の時代を迎える。この春秋戦国時代に、青銅鏡が中国世界に普及しはじめた。春秋時代の青銅器工房から鏡の鋳型が発見され、戦国時代の秦や楚の墓から数多くの青銅鏡が出土している。古代帝国が出現した秦漢時代には、青銅鏡は広く社会に普及し、漢代 400 年を通じて、様々な新しい鏡が生み出されたのである。その一つに玄武・青龍・朱雀・白虎を主題とした方格規矩四神鏡があり、西王母・東王公を主題とした神獣鏡があった。後漢王朝が滅亡すると、隋唐王朝が出現するまで、中国世界は複数の王朝が並び立つ、長い分裂の時代を迎えるのである。この三国時代から南北朝時代にかけて、新たな鏡が生み出されることはなく、漢鏡を模倣する鏡づくりが継続した。やがて隋唐時代には、海獣葡萄鏡をはじめとする数々の独特の鏡が生み出された。海獣葡萄鏡は、奈良県高松塚古墳でも出土した鏡である。

　中国世界での鏡つくりには盛衰があり、漢代と隋唐時代には独自のスタイルが確立した。その間にある三国時代から南北朝時代にかけては、漢代の鏡の模倣に限られ、新しい鏡の創出はない。ちょうど日本列島の古墳時代にあたる時期のことである。3 世紀の三国時代と西晋時代には、漢代の鏡をお手

三角縁神獣鏡にうつる東アジア世界と古墳時代

漢代の神獣鏡（奈良県ホケノ山古墳出土）　　三国西晋の模倣神獣鏡（奈良県黒塚古墳出土）
第1図　漢代の鏡とその模倣鏡

本にこの時代の工人が真似た、創作模倣とよぶ鏡つくりがひろがった。一つ一つの図像は漢代の鏡と同じであっても、並べ方や組合せ方が漢代の鏡とは異なる鏡がつくられたのである（第1図）。漢代の鏡では、四神あるいは西王母と東王公などの一つ一つの図像が相互にかかわりをもち、鏡背全体で一つの世界・宇宙を表現していたが、3世紀の模倣鏡（創作模倣鏡）では、神像や獣像の並びや組合せが乱れるなど、その約束が崩れたのである。そして、3世紀の模倣鏡には同笵鏡が多い。形や大きさが同じであり、笵傷など細かな表面形状も共通する製品群が数多く存在する。それは、溶けた金属を流し込む鋳型（鏡笵）もしくはその鋳型をつくるための原型（製品と同じもの）を同じくする製品群である。一つの「型」から複数の製品をつくる様子は、効率的な一面と断続的で場当たり的な一面をあわせもつ（上野 2007）。

3世紀の模倣鏡は、製品の質も生産の状況も前代に比べて劣っており、粗製濫造という形容がふさわしい。魏の鏡も呉の鏡も、西晋の鏡もこの特徴をもっており、3世紀には華北でも華南でも粗製濫造した鏡が流通していたのである。

三角縁神獣鏡は、漢代の神獣鏡と画象鏡の要素を併せもつが、漢代の鏡とは似て非なる鏡である。図像表現や配置形態に、環状乳神獣鏡、対置式神獣

鏡や同向式神獣鏡、斜縁神獣鏡や画象鏡など人形と獣形の神々の組合せを主題とした神獣鏡と共通する部分があるが、これらと同一のものは存在しない。東王公と西王母の組合せにみる違いがその一例となろう。神獣鏡には、三つの突起をもつ頭部形状をした東王公とC字を横置きしたような頭部形状をした西王母を表現する。漢代の神獣鏡では、両者が一つの区画に同居することはない。しかし、三角縁神獣鏡では一区画に併置することがあり、二区画に二対を表現することもある。漢代の鏡と神像や獣像の「かたち」は同じでも、その組合せや並びが乱れることは、3世紀の模倣鏡の特徴の一つである。

また、三角縁神獣鏡には数多くの同范鏡が存在している。鋳造する鋳型（范）を共有したのか、原型（型・製品と同一のモデルもしくは製品）を共有したのかは大きく見解が分かれるが、同形同大の製品群が数多く存在することも、3世紀の模倣鏡の特徴とも重なる。紋様・製作技法において、三角縁神獣鏡には3世紀の模倣鏡と共通した特徴が見出せるのである。こうした特徴に加えて、魏の年号をもつこと、「天王日月」銘の方格表現をもつことなどから、私は三角縁神獣鏡を3世紀の模倣鏡でも華北の模倣鏡の一つであると考えている。

(2) 3世紀の模倣鏡と三角縁神獣鏡

高坂発見鏡では、神獣像を4区画に分けて表現している。正面向きの神像2体を置く区画（神像区画A）と、正面向きの神像1体と竪肘をつく神像1体を置く区画（神像区画B）と、背後に人物表現のある獣像を置く区画（獣像区画A）と獣像のみを置く区画（獣像区画B）に分かれる（第2図）。神像区画Aは東王公と西王母を、神像区画Bは西王母を表現している。神像区画Bの竪肘をつく人物は、神獣鏡で伯牙と組合う神像である。漢代の神獣鏡では、西王母を二つの区画で表現すること、西王母と竪肘人物を組合せることはない。高坂発見鏡には、漢代の神獣鏡とは似て非なる三角縁神獣鏡の特徴が明瞭である。獣像区画Aで獣像の背後にいる人物は、漢代頃の仙人の典型的な表現である。聖獣が銜える手綱を手にしており、聖獣を御するさまを示している。この仙人の図像は、漢代の画象鏡にもみえているが、立姿で表現す

三角縁神獣鏡にうつる東アジア世界と古墳時代

神像区画B

獣像区画A

獣像区画B

神像区画A

第2図　高坂発見鏡

1・4：高坂発見鏡　2・3：画文帯神獣鏡（奈良県ホケノ山古墳出土）　4：画象鏡（奈良県黒塚古墳出土）　5：斜縁神獣鏡（大阪府安満宮山古墳出土）

第3図　高坂発見鏡の各部位とそれに類似する図像表現

第Ⅰ部　三角縁神獣鏡が映しだす古墳時代

第4図　高坂発見鏡の各部詳細

るのは珍しく、奈良県黒塚古墳出土の特異な三角縁神獣鏡に同じ表現をみる（第3図）。高坂発見鏡は、類例の少ない三角縁神獣鏡と共通する要素をも備えているといえよう。

　高坂発見鏡には、特徴的な鏡つくりの痕跡がもう一つみえる。図像や文字とは直接関係しない、表面の不自然な凹凸である（第4図）。神像区画B近くの銘文部分は下地の部分が隆起しており、「銜巨」の2字は他の文字より少し高い位置にある。また、神像区画Aと獣像区画Aを分ける乳の外側では、不自然な隆起が「上」字やその外側の櫛歯紋の表現を崩している。これらは、文字や図像・紋様には直接関係しないものである。鋳型にできた凹みに溶解した青銅が流れて生じた不自然な隆起なのである。「銜巨」の文字は崩れた部分を補修することなく、損傷した部分に直接文字を彫り込んだのである。また、獣像区画Bでは、獣像の前面に形態不明の図像がみえる。獣像は両区画ともよく似ており、顎髭の長い風貌と、後肢を丸くおさめ前肢を低く伸ばした猫の背のびのような姿態である。両者を比較すれば、獣像区画Bの獣像前面の不自然さがわかる。この図像には、鱗と蛇腹の表現があり、龍を表現しようとした意図はみえる。しかし、その姿態や部位など不明であり、龍らしき図像である以上のことはわからない。加えて、この図像は、鈕（中心にある半球形の突起）のまわりにめぐらせた帯状の紋様（有節重弧紋帯）に被さっており、明らかにその図像表現に干渉している。しかし、図像は非常に鮮明であり、この帯状の紋様とそれに隣接する神像や獣像の部分が不鮮明であるのとは対照的である。不自然な形状とその表現の鮮明さから、当初から

意図した図像でなく、鋳型の損傷に伴って加えられた図像であった可能性を考えたい。

　高坂発見鏡には、損傷した鋳型とそれに補刻を加えた痕跡がみえるのである。現在のところ、高坂発見鏡の同笵鏡は未見であるが、同笵鏡の存在する可能性は高い。神像や獣像など隆起の高い部分の紋様が鮮明で、帯状の紋様（有節重弧紋帯）など隆起の低い部分の紋様が不鮮明であることも、高坂発見鏡の鋳造が単独の鋳造でなく複数の鋳造を経たことを示している。それでも、同笵鏡が存在しないと考える場合には、鋳型の成形と紋様の彫刻時に表面の剝離が著しく、鋳造作業が難航したと理解することになる。ともかく、高坂発見鏡には、図像・製作技法ともに漢鏡を模倣した三国西晋鏡の特徴がよくあらわれているのである。

2　鏡のちから

　古代中国世界では、鏡の多くが姿見として使われていた。漢代の墓では、化粧道具とともに出土する事例が少なくない。紀元前2世紀初めの湖南長沙馬王堆1号墓や紀元前1世紀の江蘇揚州漢墓群では、鏡が櫛や刷毛あるいは白粉や紅を入れた小箱とともに円形の漆箱に収められていた。また、鏡が刷毛をともなって出土することがしばしばある。これらは、漢代の鏡が化粧道具の一つであったこと示している。1世紀末の河北定県北荘漢墓や、2世紀後半の河北涿州後漢墓では、実物や模型の鏡台が出土しており、漢代の人々が姿見としての鏡を取り扱うようすを知ることができる。こうした姿見としての鏡の取扱いは、東晋の顧愷之の絵筆による『女史箴図』にも描かれているところである。

　鏡がうつすのは現実のものだけではい。ありのままの姿を鏡がうつしだすことから、ものの本質を鏡がうつしだすと、古代の中国人は考えたらしい。秦の始皇帝の宮殿には人の真の姿をうつしだす巨大な鏡が秘かに掛けられたといい、道教が流行した東晋時代には道士が身に携えるべき品に剣と鏡を挙げている。いずれも「もの」の本質をうつしだす鏡の霊威を信じていたこと

第Ⅰ部　三角縁神獣鏡が映しだす古墳時代

がわかる（小南 1978）。こうした鏡の霊威は、玉のちからにも通じていたらしい。漢代には、遺体に玉をまとわせる風習がひろまった。遺骸全身を覆う玉衣があり、部分的に顔あるいは耳目を覆う玉面罩（マスク）や玉塞（目や耳鼻を塞ぐもの）などがあった。口には玉蟬を、手には玉豚を握らせ、遺骸に玉璧を副えることもあった。枕や棺に玉片を嵌め込むこともある。玉の霊威をもって、遺骸をまもることを願ったのである。面罩に鏡を嵌め込む例や、おびただしい数の鏡を遺骸の周りに置く例は、玉に通じる霊威を鏡にみていたことを示している。

　漢代の鏡には、目にみえない力が信じられていた。それは、漢代の鏡に刻まれた文字と図像にもみえている。方格規矩四神鏡は、当時の人々が考える宇宙の様子を方格規矩や玄武など四神で表現しており、「子孫具備居中央」「壽如金石為国保」などの吉祥句を銘文に記している。神獣鏡でも、西王母や東王公の神々を図像であらわし、「仕至高遷」「位至三公」「世徳光明」「安楽貴富」「子孫番昌」などの吉祥句を銘文に記している。これらは、人間世界をとりまく宇宙、あるいはそれを差配する神々の正しい働きが、陰陽を調え、調和のとれた世界において人々が求める願望の成就につながると考えられていたのである。鏡にはそうした一連のことわりが図像や文字で表現されたのである。ここにも、文字や図像にうつしだされた、鏡のもつ「ちから」がみてとれよう。

　では、3世紀以後の模倣鏡はどうであろうか。漢代の鏡と似ているが、図像の組合せや並びに違いがあることを示した。神獣鏡では区別のつかない神像を数多く表現することが増えたり、逆に神像が抜け落ちたりと、その崩れは甚だしい。高坂発見鏡でも、西王母の重複や西王母と竪肘人物を組合せるなど、漢代の神獣鏡と違うことは先に指摘したとおりである。漢代の人々の感覚であれば、神々のことわりを逸脱した鏡に、調和のとれた世界の現出は望めなかったであろう。それでも、鏡に霊威が期待され信じられたようである。道教の経典には鏡が修養のアイテムとして描かれるとおりである。

　日本列島では鏡を墓に副葬する風習が、弥生時代の北部九州にはじまり、古墳時代には日本列島規模でひろまった。鏡の取扱いには弥生時代と古墳時

代で大きなへだたりがある。古墳に副葬した鏡は、奈良県黒塚古墳や京都府椿井大塚山古墳などのように、一つの埋葬施設で 30 面を超えるものもあるが、大半は滋賀県雪野山古墳や群馬県前橋天神山古墳のように数面を副葬するものや 1 面を副葬したものである。奈良県黒塚古墳では、30 数面の三角縁神獣鏡が鏡面を木棺の方に向けて並べられていた。奈良県大和天神山古墳でも、漢代の鏡 20 面近くが木棺を取り囲んでいた。また、熊本県大鼠蔵東麓 1 号古墳や広浦古墳では、石材に鏡と思しき図像を表現している。鏡の霊威が棺＝遺骸をまもることを期待されたのである。古墳を装飾する造形には、「まもる」意識をより鮮明に示したものが多い。古墳に立て並べた形象埴輪には、武具（防具）の盾や武器の靫をかたどるものがあり、装飾古墳でも靫盾の武装具はおなじみの図像である。「まもる」機能をもつ武装具を「造り」「描く」ことによって、埋葬施設、あるいは霊のよりしろとなる区画の「まもり」を託したのである。鏡にも象徴的な「まもる」機能が託されて、埋葬施設に副えられたのである。それは、遺骸を玉・鏡で覆う漢代の風習とも一脈通じるところがある。背景にある思想や意識は必ずしも同じではないが、古代中国と日本列島で意識された「鏡のちから」には共通する一面もあるのである。

3 鏡の価値

これまで、鏡を「つくる」視点と「つかう」視点から、中国鏡を眺めてきたが、いま一つ鏡の価値について考えてみよう。ここでは、当時の社会において、鏡が人々をどのように結びつけ、どのように区分したのか、鏡がどのような価値をもったのか、という視点で鏡を眺めてみよう。

古代中国世界においては、鏡は「本質をうつす」あるいは「まもる」という象徴的な機能が意識される一方で、姿見という実用する道具として広く社会にひろがった。どのような階層も同じような鏡をもっていたわけではない。面径が 20cm に及ぶ大型鏡は、特定の社会階層に限られたようである。後漢を復興した光武帝の皇子である中山簡王劉焉の墓には、面径 28cm の鉄鏡と面径 36cm の銅鏡が副葬されていた。また、後漢後半の 2 世紀になると鉄鏡

第Ⅰ部　三角縁神獣鏡が映しだす古墳時代

が普及しはじめ、力あるものは好きものたる鉄鏡を保有するようになる。大型の墓に鉄鏡を副葬する事例は多く、三国時代から西晋時代にもその傾向は継続するのである。曹操の墓と推定された河南安陽西高穴2号墓では面径20cm前後の鉄鏡が出土しており、河南洛陽で発見された曹休墓でも鉄鏡を副葬していた。また、曹操が後漢の献帝に献上した進物に象嵌鉄鏡があることを文献資料は伝えている。鉄鏡には、金銀の象嵌装飾を施すことが多く、装飾性の高い華美な優品として、鉄鏡にはより高い価値が認められていたのである。社会の上位階層が大型鏡を保有していること、鉄鏡が銅鏡よりも上位に位置づけられていたことは、2・3世紀の中国世界にみえる鏡の社会的な価値といえよう。

　日本列島への中国鏡の流入は弥生時代に始まる。朝鮮半島に漢帝国が楽浪郡という行政機関を設置した紀元前1世紀を前後して、日本列島の弥生時代社会と中国世界との交渉が本格化する。北部九州世界では、入手した中国鏡の分配を通じて、交渉を主導した伊都国や奴国の有力者などと各地域の有力者層との関係が結ばれたようである。中国鏡の流入はその後も続き、やがて鏡を破砕するという行為がひろまる。破砕された鏡片は東方世界へも流れ、近畿地方や東海地方にまで至るのである。弥生時代後期に関東地方へ中国鏡が流入した痕跡は見出しにくい。中国鏡の動きは、古墳時代に新たな局面を迎える。鏡を分配する中心が近畿地方に移り、完全な形をした鏡を副葬する風習が、日本列島各地にひろがるのである。弥生時代と古墳時代で鏡の動きは異なるが、中国鏡は入手が限定される貴重な存在であるがゆえに価値をもち、その分配に価値や権威が生じたことは共通している。中国鏡は先進的な外部世界と関係をもつ地位・立場を象徴する存在として認識されたのであり、そのネットワークに参画したことを示すものとして、鏡は列島世界を往来したのである。

　三角縁神獣鏡は、3世紀の中国鏡と共通する一面がある一方、面径は21〜23cmで揃う規格品である特徴をもつ。この大きさは、当時の尺度で約九寸、一尺の鏡ということになる。三角縁神獣鏡の図像は時期とともに崩れてゆくが、面径の規格は最後まで維持されたのである。大きさに意識が強く働いた

器物であるといえよう（下垣 2010）。三角縁神獣鏡は、弥生時代の遺跡からは出土せず、兵庫県権現山 51 古墳や同西求女塚古墳など初期の古墳から出土しており、その分配は倭王権の成立や前方後円墳に象徴される墳墓儀礼の創出との深い結びつきが想定されている。近畿地方を中心とする分配体制が確立した時期については、三角縁神獣鏡の出現した段階とする考えと、その前段階の画紋帯神獣鏡が流入した段階とする考えが並立している。その見極めは難しいものの、三角縁神獣鏡を分配する段階には体制が確立していることは大勢が認めるところである。三角縁神獣鏡には、卑弥呼の魏の交渉に注目が集まるが、日本列島において新たな地域と地域との結びつきを創り出した、新たな価値をになう器物としての機能にこそ注目しておきたい（上野2011）。

　器物の入手が限定されるがゆえに、その分配を通じて配布主体に権威が生じるのである。そして、器物の受け手が、器物の価値を認めてこそ、授受に意義が生じるのである。弥生時代を通じて日本列島西半を中心に中国鏡が普及し、中国鏡に価値を認める共通の下地がかたちづくられ、そのうえに三角縁神獣鏡をはじめとする古墳時代の鏡の分配が効力を発揮したのである。鏡の分配には、倭王権と各地の有力者と関係があらわれており、入手した鏡は鏡の「送り手」である王権の評価を可視化したものである。奈良県黒塚古墳や京都府椿井大塚山古墳のような 30 面を超えて保有する存在があり、福岡県石塚山古墳や兵庫県西求女塚古墳のように 10 面前後を保有する存在がある。そして、神奈川県真土大塚山古墳などのように単面もしくは数面を保有する存在があるように、保有する三角縁神獣鏡の数には大きな隔たりがある。三角縁神獣鏡は規格品であるがゆえに、同じものをもつという紐帯意識がより鮮明であり、かつ数をもって評価の区分がなされていたのである。

4　三角縁神獣鏡と東方世界

　さて、日本列島では三角縁神獣鏡の存在する地域と存在しない地域が明確に分かれる。それは、倭王権が交渉対象としてどの地域社会・地域首長を選

択し、いかなる評価をもって接したのか、という地域連携戦略を反映するのである。出土した三角縁神獣鏡に、倭王権が地域社会に向けたまなざしを知ることができる。

ここでは、東方世界の三角縁神獣鏡に注目してみよう。東海地方では、愛知県域から静岡県域に三角縁神獣鏡の分布域がひろがり、その先の群馬県域に三角縁神獣鏡がやや集中する地域がみえるほかは、福井県、石川県、長野県、山梨県、千葉県と神奈川県、茨城県、福島県に点在している。

関東地方では、群馬県域に集中するのを特異とするが、他では各県1、2面程度であり保有に大きな隔たりはない。三角縁神獣鏡の多寡は、王権の意識の濃淡を反映したものであり、より重視した地域にはより積極的に働きかけを行い、その結果として鏡が集積したのである。三角縁神獣鏡を分配した倭王権は、東方では上野地域をより重視した様子がうかがえる。群馬県域では、東海系の土器様式を受容する地域—古墳時代に入り開発が進む地域—と三角縁神獣鏡の分布域が重なっていることは象徴的である。高坂発見鏡は、地域開発の進む地域を倭王権が注視した結果と受け止められるのである。高坂発見鏡を高坂周辺での保有の結果と判断すれば、比企地域も南関東や東北南部の拠点と同じように、倭王権の東方連携政策の対象として認識されたことを示している。高坂古墳群の周辺には、拠点集落や生産拠点としての五領遺跡や反町遺跡が控えており、こうした政治・経済的な社会基盤を背景とした三角縁神獣鏡の入手が想定される。

では、倭王権が比企の地域社会・地域首長に連携を図った時期はいつなのであろうか。先にも触れたが、高坂発見鏡には、二獣を二区画に表現することや仙人表現は、画象鏡や斜縁神獣鏡と共通する要素がみえている。三角縁神獣鏡を舶載段階と倭製段階に区分すれば、画象鏡の要素は前半の舶載段階の中相に出現するといわれており、高坂発見鏡の製作段階もその頃であるといえよう。三角縁神獣鏡全体を通してみれば、比較的古相の鏡であり、同じ図像表現をもつ諸鏡が、奈良県黒塚古墳や岡山県湯迫車塚古墳や京都府椿井大塚山古墳など古相の古墳で出土していることは、その流通が前期前葉にまで遡りうる可能性を示している。これらとともに、前期の比較的古い段階に

比企の地域首長が入手したとの見解が一つである。一方、古相の三角縁神獣鏡は古相の古墳にのみ副葬されるわけではない。製作段階の異なる三角縁神獣鏡が共伴する例は少なくなく、奈良県新山古墳や佐味田宝塚古墳のように、舶載段階から倭製段階の三角縁神獣鏡を副葬する事例がある。三角縁神獣鏡の副葬は前期に中心があるが、京都府久津川車塚古墳のように中期に副葬する事例や千葉県城山1号墳のように後期に副葬する事例もある。製作段階に対応した流通の初相ではなく、前期でも時期の下る時期に入手した可能性も十分に提起できる。高坂8号墳では前期後葉の捩紋鏡が出土しており、これらと共伴した可能性も想定できる。しかし、捩紋鏡とその類鏡と共伴する三角縁神獣鏡は、福島県会津大塚山古墳や愛知県出川大塚古墳、佐賀県谷口古墳など倭製段階の三角縁神獣鏡である。こうした傾向から、高坂発見鏡は高坂8号墳と結びつけて理解することは難しそうである。今のところは、古墳時代前期の比較的古い段階に比企地域に流入したと考えておきたい。

おわりに

鏡は中国世界に起源をもつ器物であり、中国世界でも日本列島世界にも存在した。それぞれの世界でどのように意識され、鏡のもつちからや価値について整理した。ことに、鏡の価値については、中国世界での価値、倭王権にとっての価値、地域社会にとっての価値という三つの視点からより詳しく考えてみた。中国鏡は、中国世界と古墳時代社会をつなぎ、日本列島のなかでも王権中枢と地域社会をつなげたのである。同じ鏡をとおしてみても、視点を変えれば同時代のさまざまな局面がみえてくるのである。

引用参考文献

上野祥史 2007「3世紀の神獣鏡生産―画文帯神獣鏡と銘文帯神獣鏡―」『中国考古学』第7号 日本中国考古学会

上野祥史 2011「青銅鏡の展開」『古墳時代への胎動』弥生時代の考古学4 同成社

上野祥史 2013「中国鏡」『副葬品の型式と編年』古墳時代の考古学4 同成社

第Ⅰ部　三角縁神獣鏡が映しだす古墳時代

車崎正彦編 2002『鏡』考古学資料大観 5 小学館
小南一郎 1978「鏡をめぐる伝承―中国の場合―」『日本古代文化の探究　鏡』社会思想社
近藤喬一 2003「三国両晋の墓制と鏡」『アジアの歴史と文化』7 山口大学アジア歴史・文化研究会
下垣仁志 2010『三角縁神獣鏡事典』吉川弘文館
下垣仁志 2011『古墳時代の王権構造』吉川弘文館
杉本憲司・菅谷文則 1978「中国における鏡の出土状態」『日本古代文化の探究　鏡』社会思想社

基調講演2

関東地方への前方後円（方）墳の波及を考える
―東松山市高坂8号墳を素材として―

北條 芳隆

1 この時代の幕開けをどうとらえるか

(1) 経済活動の飛躍的活性化

　前方後円（方）墳の時代の到来とはなにを意味するのか。それは日本列島各地のさまざまな物産を商品化して、要所要所に交易の場となる市を確保し経済活動を飛躍的に活性化させることにあった、と私は考える。東松山市域についていえば、都幾川のほとりに荷揚げ場と交易拠点となる空間をつくり、東京湾から荒川を経由して遡上させる船便が停泊可能な場所と市場を設置することによって古墳時代は幕をあけたと推定されるのである。このような場所を仮に「内陸の津と市」とよぶことにする。

　それ以前から現地に設けられていた津や市を活用する場合も当然あったと考えられる。しかし関東地方の内陸部では、新たにつくりあげるケースの方が多かったと推定される。というのも津や市の開設は、未開拓であったエリアの耕地開拓と一体のものであったと考えられるからである（若狭 2002）。耕地開発に必要なのは労働力の結集だが、東海や北陸からの集団入植が伴ったことにより、それが可能になったと指摘されている。典型的なのは栃木県域で、古墳時代の到来とともに遺跡は急増する現象が認められる。

　つまりこの時代に起こった経済活動の活性化とは、活発な入植と拠点開発の積み重ねによって引き起こされたと理解されるのであり、そのさいに注目されるのが「内陸の津と市」の機能である。そこは種籾をはじめとする必需物資を集積させる場であり、遠隔地の人々を惹きつけ在地の人々との交流が展開する舞台でもあり、同時に新たな時代の到来を人々に納得させるトリッ

キーな人為空間ですらあったと考えられる。

(2) さまざまな経済効果

この地域の人々は、新たに誕生した「内陸の津と市」を通じてはるか遠くの世界からもたらされる品々を初めて手にすることになったはずだ。それだけではない。ひとたびこのような交易拠点がおかれると、それまでは近隣のせまい範囲で完結していた物産品の流れに変化が起こる。その一部が遠隔地との交易品の目録に加わる場合もあっただろうし、新たな"特産物"の発見や開発に結びつくこともあったと考えられる。

ようするに「内陸の津と市」の設置は経済活動への刺激以外のなにものでもない。近隣一帯の村々はそれまで経験したことのない騒々しい空気に包まれることになり、人口増加の呼び水ともなったと同時に、従来のムラの秩序は変容を余儀なくされたに違いない。

もとより日本列島全域へのアクセスが可能になったことで、遠方から到来した血気さかんな若者と地元の娘たちとの恋愛沙汰も頻繁に起こったはずである。市は古今東西を問わず男女の出会いの場だから、売買に伴う駆け引きや交流は遠隔地の集団同士を同族化させる結果（親族関係の拡大）を招く。文化人類学の研究によって指摘されるこのような作用も見逃せない。

つまり私たちの感覚でいうところの経済効果がさまざまなレベルで巻き起こり、それまでの弥生ムラの感覚では想像できなかった交流の渦と社会の流動化を実感させられた瞬間、それが古墳時代の幕開けだったと思われる。

(3) 津と市を象徴する前方後円（方）墳

「内陸の津と市」や、新規入植地での開拓を管理統括する役割の人物が葬られることになった墳墓が前方後円（方）墳であり、それは交易と交流によってもたらされた富を原資とし、津と市の性格を象徴し明示するモニュメントの必要性を背景とするものだったと推定される。そう断言できる理由は、各地の前方後円（方）墳の立地と物流の推定経路との間に明確な正の相関関係が認められるからである。だとすれば古墳づくりの財源は市から生まれる富

だったと考えるのが妥当であるし、その目的も市にかかわる宗教性に絞られてくる。

いたって単純かつ明快な図式なのだが、古墳時代の専門的な研究者は、とくに大和王権論を畿内の側から語る方々は、なぜかこうした物流や経済的側面との関係に注目することを避けてきたように思われる。とりわけ鏡の専門家が説く権力構造論は常に上滑りをくり返してきたといえる。またその上滑りさ加減は、関東側から見据えたときにだけはっきり掴めるといった、やや困った図式でもある。だからこちら側からリセットしてあげないと学問は進展しない、そのような構図だといっても過言ではない。

定説が説く「大和政権による支配権の拡大」とは、じつは経済レベルでの影響力の拡大にほかならず、経済を軸に人々の心を王権側に引きつけておくためのさまざまな仕掛けの内実を見極めることこそが、この時代を研究するうえでは重要な視点なのだと私は考える。いわゆる政治モデルではなく、経済モデルこそが有効だと考える次第である。

(4) 駿河の地域集団が主導した拠点づくり

さらに関東・東北地方においてこの問題を考えるとき、主導的な役割を果たした存在として注目されるのは、東海地方東部、駿河湾沿岸部の地域集団である。彼らは弥生時代の後期（西暦1世紀）に関東地方南部に進出した実績をもち、相模湾沿岸地域に植民地を切り開き拠点を確保していた（西川1998、立花2005）。

その実績を基礎に弥生時代終末期から古墳時代初頭（西暦3世紀後半）には、関東地方の内陸部や東北の太平洋沿岸部の要所要所に津と市を設置し、地元住民を巻き込みながら、新たな経済圏をつくりあげたと推定される。ようするに彼ら駿河地域の諸集団が、関東・東北と大和王権側とをつなぐ"代理人"の役目を担ったと理解できる。そのような仲介役や下支えなくして王権は成り立たなかった、ともいえるだろう。

(5) 気候の寒冷化への対処

なお遠隔地への入植を伴う経済圏の拡大が引き起こされた背景には、東アジア世界全体を覆う気候の寒冷化があったと推定される。寒冷化に伴う人口支持力の低下はさまざまな側面における社会問題を発生させたと考えられ、当然そうした事態への対処と自己変革が求められたに違いない。近畿地方でも環濠集落を交易拠点とする従来型の経済体制は崩壊し、集落は分散化すると同時に広域的な水田開発が進められるようになった。東遠江や駿河の地域集団が相模湾沿岸部に向けて大規模な入植を行った理由も同じである。

その意味で「内陸の津と市」を各地に広げ集団の再編成と耕地開発を進めるというさきに述べた諸現象は、当時の倭人社会全体が模索した対処策の一環だったと理解される。

2　大郭型壺の重要性

関東内陸部の河川流域一帯から出土する大郭型壺は、関東地方への交易網の拡大を証明する重要な証拠として注目される。柳沼賢治氏による集成作業と実地調査（柳沼 2013）によって、この点は明確になった。複合口縁とよばれる独特な口縁部と、その側面に縦方向の棒状浮文ないし沈線の装飾をもつこの大型壺は、駿河湾沿岸部の狩野川下流域に本拠地をもつ地域集団がつくりあげ、関東・東北各地に運び込んだ土器とその忠実な模倣品であることが判明しているからである。その中には交易の対象となる西側からの物産品が収められていたはずだ。

(1) 超大型品を含む壺形容器

この壺の特徴は超大容量のものが多いことと、口縁端部の内面に凸帯を巡らせることである。このような内面凸帯は内側に木蓋をはめ込んで固定させるための工夫だったと推定できる。さらに口縁部全体を皮革で覆い紐掛けを施せば密閉が可能になり、そのような紐掛けに適した形態であることにも注

目すべきである。

第1図の左は本シンポジウムの差配役である車崎正彦氏を背景に東松山市高坂三番町遺跡出土の大廓型壺を写したもので、大きさの程度がわかる。坂本和俊氏による概算では 100 リットルの容量をもつとのことで

第1図　高坂三番町遺跡出土の大廓型壺

あった。ただし各地の資料を集成したうえで 2015 年に私が行った計算結果を参照すると、本例は 200 リットル超の最大容量クラスに該当するものと捉えることができる。

また同図の右は、菅谷文則氏の手によって須恵器大型甕の口縁部片が縁の上に乗せられたときの状態を写したものである。口径が一致することに驚かされた。古墳時代前期の実用容器としては最大級の容量を誇る土器である。

(2) 稲籾運送用の土器であった可能性

ではこの壺にはなにが収められたのか。直接の物的証拠はない。しかし最有力候補は稲籾であったと私は考える。穀物を船に積んで遠隔地にまで移送するさいには、潮をかぶると致命的なダメージを被る俵など繊維製の収納袋に詰め込むことは避けられ、土製の容器が選ばれたはずだからである。それがもっとも合理的かつ安全な運搬形態なのである。さらに酒などの液体についても超大型土器は不向きである。破損した場合に回収不可能な事態を招くからだ。そのため液体は樽ないし小型土器に小分け収納されるのが一般的である。

また発表時には盛り込めなかったが、大廓型壺の最大の特徴は胎土がスカスカで、まるでスポンジを固めたかのような軽さであることについて補足する。軽く多孔質であることの理由はなにかというと、それはカワゴ平パミスとよばれる伊豆半島天城山噴出の軽石を意図的に素地に混ぜ込んだことにあ

第Ⅰ部　三角縁神獣鏡が映しだす古墳時代

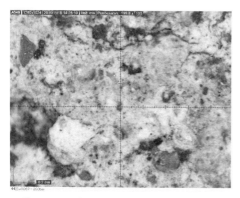

第2図　大廓型壺の顕微鏡写真（100倍）

る。そのため土器の比重は1.5〜1.4前後（大廓Ⅳ式の場合）となる。通常の甕形土器などは1.7〜1.8だから、各種の土器のなかでも最も軽い部類に大廓型壺は入ることがわかる。

このような素地の土器であるため、中に液体を入れることなど不可能である。そのいっぽうで仮に稲籾を入れたとすれば、中が蒸れることを避けられる。運送中に海上に落ちた場合には、浮力が生じた可能性さえある、とみてよい。ようするに大廓型壺は稲籾の海上輸送用コンテナとして開発された特製品だと考えられる。第2図に大廓型壺（大廓Ⅳ式）の顕微鏡写真を添えた。全体に白味を帯びる胎土であるため白黒写真では判別が困難かとも思うが、左下にみえる白い塊がカワゴ平パミスのうち大型のものである。

さらに状況証拠として注目したいのは、弥生時代後期以降の濃尾平野以西の諸地域でみられる水田開発の活性化である。弥生時代中期までの伝統的な小規模灌漑水田を脱し、大規模な耕地開発に踏み切った形跡が大阪平野で確認されている。沖積低地での水田開発を可能にする技術が備わりはじめたとも指摘されている。

よく似た様相は駿河地域でも確認できる。静岡県登呂遺跡や小黒遺跡、また山木遺跡は弥生時代後期後半の大規模な沖積地水田として有名であるが、そこに稔った稲籾が在地でのみ消費されたとは考えがたい広大な水田面積を誇ることにも注目すべきである。ようするに地産地消の枠を超える大規模水田造成なのである。

そのような沖積低地への開拓を含む新たな水田開発の波は、弥生時代後期後半までの間に入植者たちの手によって相模湾沿岸部にまでは到達していた可能性がある。しかし関東の内陸部では依然として谷水田が基本であった。

生産性の点で格段に劣るので、収穫量も相対的に少なかった可能性が高い。

つまり稲籾の備蓄が進む本州の西側地域一帯で潤沢に生産され、この時代に生きた関東地域内陸部の人々を魅了してやまない物産品とはなにか、といえば、それは稲籾だったとみるのが妥当である。翌年の種籾として活用することも可能だし、コメに精米すれば食糧になるし酒の原料にもなる。稲籾はそのような魅力を十分に備えた西側地域一帯の物産品であった。

(3) 沖縄地域の類似例

なお大郭型壺の問題を考えるうえで、西暦11世紀以降13世紀にかけての南西諸島の状況は参考になるはずだ（安里1998）。この時期、亀焼とよばれる類須恵器の大壺が徳之島で多量につくられ、八重山を含む琉球列島全域に広がるが、それは本土側の稲籾をはじめとする各種の穀物類を琉球側に移送するものだった可能性が指摘できる。

徳之島までの穀物海上輸送には倭側の大型帆船がもちいられた可能性が高いが、そこで一旦荷下ろしされた穀物は亀焼の壺に収納され、サンゴ礁地帯への輸送に適した、現在のサバニに類する船底の平坦な小型船舶に載せ替えられて沖縄本土地帯にもたらされたと考えられる。第3図には亀焼と石鍋の分布図を示した。安里進氏の著作からの引用である。

ちなみに亀焼前半段階のA類壺は燃焼が甘く断面が暗赤褐色を呈することで特徴づけられるのだが、このような焼上りだと熱による化学反応が不十分で液体収納用には適さない。いいかえると穀物などの収納用にしかなりえないのである。後半に登場してくるB類壺になって、ようやく須恵器と同様、1,300度程度の燃焼を受けた断面青灰色の壺となる。

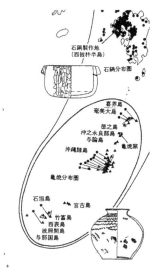

第3図　沖縄地域に持ち運ばれた亀焼と石鍋（安里1998）

こうした焼成状態にみる変化も重要である。つまり亀焼きの歴史の後半になってはじめて一般容器としての機能をもつ仕上がり具合になるのである。こうした変遷については新里亮人氏から現地で教えられた。

本題に戻そう。穀物との交換対象として本土側が欲しがったのは、螺鈿細工の素材となるヤコウガイの殻、硫黄、赤木だったのだが、この交易によって引き起こされた琉球側への穀物移送が現地側の住民に刺激を与えたという意味での起爆剤となり、西暦12〜13世紀には沖縄本島において農耕文化が定着した。つまり沖縄地域社会の生業形態を大変革させグスク期への移行を宿命づけた遠因として、亀焼大壺の広域分布は注目される。

このような類似例は、大郭型壺の問題を考えるうえで重要なヒントを与えてくれる。

(4) 海外の参照例

また海外の考古学にも参照すべき研究成果がある。それは紀元前4000年紀にメソポタミア地域で起こった The Uruk Expansion ウルク・エクスパンション、もしくは The Uruk World System ウルク・ワールドシステム（Algaze 1989、小泉 2002）である。この時期、ユーフラテス川下流域で豊富に産出される小麦を船に積み込み上流域一帯に進出したウルク人は、現地の人々をウルクとの交易網へ誘い込む営業活動を展開したとされる。小麦を輸出し現地の鉱物資源を輸入するという経済圏の形成であった。

その結果、拡大された経済圏のなかで中心と周辺との格差が生まれ、ウルク側に偏る富を原資に都市国家群が成長を遂げた、という一連の展開過程が復元されている。この研究は文明化への歩みがどのような道筋だったのかを教えてくれる。穀物を交易に投入するための拠点づくりが始発点だったのだ。もちろん、この研究にたいしては強い批判が加えられ、見直しが進められてはいる。しかし基本的な視座は汲むべきだと考える。

また紀元前3000年紀に南アジア地域で起こったインダス文明成立期においても、彩文土器の壺が突如大型化する現象が認められるが、それは穀物類を運搬する容器の必要性を背景とした一時的な現象だった可能性が高い、と

いえる。小茄子川歩氏からの教示である。

　以上のような状況や各地の類例および研究成果からみて、私は駿河湾沿岸部の地域集団が西と東の交易の仲介役を担った可能性が高いと推測している。彼らは濃尾平野や駿河で産出された稲籾を原資に、それを東側に流すことで交易を活性化させ、東側の特産物があればそれを西側に回す経路の開拓役を演じたのではあるまいか、そういった可能性を考えたい。

　つまるところ大郭型壺が出土する遺跡は、この壺に稲籾を収めて関東・東北各地を訪れた駿河湾沿岸部の交易民が逗留した場所であり、そこには津や市が置かれた可能性が高いといえるのではなかろうか。柳沼賢治氏が作成さ

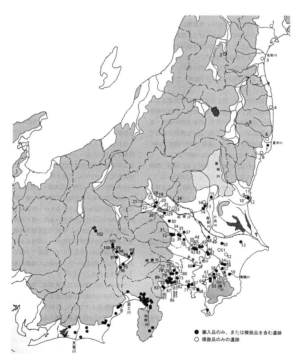

第4図　関東・東北地方における大郭型壺の分布（柳沼2013）

第Ⅰ部　三角縁神獣鏡が映しだす古墳時代

れた大郭型甕の分布図を第4図に転載した。この図は駿河湾沿岸部の交易民たちが、どこに「内陸の津と市」を設けたのかを表している、そのように理解できる。さきの用語を借りれば、まさしく"大郭エクスパンション"である。

3　貨幣としての稲束と稲籾

　交易網が拡大するにあたっては、欠かすことのできない前提条件がある。その第一の条件は特定の物産品を選定し、その分量や重さをもとに交換レート（換算基準）を明確化させること、すなわち貨幣の整備と潤沢な量の確保である。金属貨幣が登場する以前の社会で貨幣として選ばれる物産品とは、誰もが欲しがることが周知された品物であって安定的な供給も可能で、かつ一定期間の耐用性―価値の保蔵性ともいう―を備えるものであることが必要条件となる。それを現物貨幣や限定目的貨幣などとよぶが、この時代に用意されたのは穀物貨幣としての稲籾であり、流通形態と流通範囲に応じて以下に示す二種類の換算基準が用いられたと推定される。

(1) 貨幣としての稲束と換算基準

　その一つは稲束を用いる換算法である。稲束には下位の単位から「握」・「把」・「束」の三階層が知られているが、「握」とは穂首刈りの際に稲穂の根元を左手で握って一杯になる分量で、籾に換算すると古代の「一合」（現在の4.6勺）に相当する。五握で一把となり、十把で一束であった。この推計は奈良県唐古・鍵遺跡の出土稲束と、古代稲の実験稲束を比較検討した結果あきらかになったもので、最下位の「握」は私が推計する単位である（北條2014）。出土稲束はちょうど「握」の分量に相当することと、数束をまとめる工夫が認められることから、上位の単位も存在した可能性が指摘できる。なお稲束の状態のままの流通と交換だから、長距離の移送には向かない。経済史学でいわれるところの「地域内流通通貨」に該当するものだったとみてよい。

(2) 稲籾を用いた流通形態

　もう一つは穂から外した稲籾を換算基準に用いるもので、こちらは、文字通りの計量だったと考えられる。のちの律令期の史料をみると「勺」・「合」・「升」・「斗」・「石」の単位があり、同時期の稲束よりもきめ細かな単位が振られたことと、より上位の単位と分量までをカバーすることが特徴である。もとより弥生時代の計量枡などは出土していないので、今は詳細を知ることができない。

　ただし唐古・鍵遺跡では、稲束とは別に壺形土器に稲籾を収めた中期前半の出土例が知られている。そのため、土器の容量を基準とする計量単位が存在した可能性は高いと私はみている。さらにこのような土器への収納であれば、さきに述べたとおり遠隔地への運搬が可能であった。その意味で土器の壺に収納して運搬される稲籾は「地域間流通通貨」の機能を果たすものだったのではなかろうか。

(3) 貨幣としての稲束と稲籾

　このように弥生時代中期の近畿地方では、稲束と籾との二種類の流通形態が並立し、少なくとも稲束については交換単位が定まっていたと考えることができる。さらに「魏志倭人伝」の記載に「収租賦有邸閣、有国国市交易有無」とあることにも注目したい。西暦3世紀の邪馬台国段階には、すでに租税があってそれを貯蔵する倉庫があり、国々には市が立って交易が行われたと記されているからである。のちの律令制期がそうであったように、租税は稲束で支払われたとみるのが妥当である。

　だとすれば、国々の市に持ちこまれたはずの稲束や稲籾は、当然貨幣の機能を果たしたと推定されることになる。つまり史料のうえからも、稲束や稲籾の計量単位とそれを基礎におく換算基準は、この段階までには定まっていたと理解すべきである。ここで問題にする大郭型壺が最大200リットル超の容量をもつという事実は、近畿地方以西で成立したはずの計量単位との関係において注目される。

(4) 市の司

　次に必要な条件とは、交易の拠点に信用できる差配役を常駐させ、稲束や稲籾が貨幣としての機能を安定的に果たすよう、市で行われる交易を注意深く監視させる体制の整備である。交易・交換の対象となるすべての物産品は、交換レートが一律に定まったものでなければならない。ただし種類の異なる物品同士の価値が自動的に定まるような、客観的な交換レートなど存在するはずもない。同一品目の間でだけ成り立つ話である。

　そこには常にある種の強制力が働き「交換レートは押しつけられる」宿命を負っている。だから市場を安定させるためには、現代社会でもそうであるように、弥生・古墳時代にあっても押しつけられた交換レートを当事者同士に守らせる権力者の存在が不可欠だったと捉えるべきである。

　ではそのような権力はどこからきたか。地元の村々のなかから選抜される長老格の首長がもつ在地的で伝統的な権力だけでは必要条件を満たせない。今まで目にしたこともない遠隔地から到来する物産品がどの程度の交換価値をもつかなど、地元側があらかじめ承知していたはずはないからだ。

　さらに関東地方の内陸部の場合、弥生時代後期の段階で稲束や稲籾を潤沢に用意して貨幣として振る舞わせ、大々的な交易を許すような習慣があったかどうかも疑わしい。コメが貴重であればあるだけ、それはもっぱら互酬性の贈与交換―市場交換の前からある親しい人々同士の交換、あるいは親しさを表現・演出する手段としての交換―に投じられるべき品目に、すなわち威信財の枠内にとどめおかれるからだ。

　そのうえ古今東西を問わず、市の空間が地元の人々からしばしば賤視の対象とみなされるのも、同様の脈絡から生じる文化現象である。神からの授かり物を他の産品と取り替える行為に躊躇をおぼえ、神への背信だととらえる人々の心情には根深いものがあって、そのハードルを在地側から自発的に越えることはまず不可能である。外部からのプッシュが不可欠だといわざるをえないのである。

　上記の理由から、市の司は外部世界からの到来者であった可能性が高いと

考えられる。あるいは地元の首長に外部世界側の女性を嫁がせ同族化を目論み、その嫁の息子を次世代の司に据える場合もあったかもしれない。その場合であっても基本構図は同じである。その意味で荒川水系や都幾川流域に設けられた市の司役となり交換レートを押しつけたのは、まず間違いなく駿河湾の地域集団側であったと考えられる。

4　墳丘築造企画の波及

　市の司の問題と関連して注目されるのが前方後円（方）墳である。新たに設けられた津や市の由来や性格—そこで交易される物品はいかなる貨幣をもちい、その交換レートはどのように定まっているのか等々—を象徴するモニュメントとして、この新たな宗教的構造物は求められたと考えることができる。その場合、初代の市の司の遺骸を埋め込むことによって津と市の象徴性を表現したものだと推定される。市の司がその身をもって整序し守護する空間としての意味づけである。生身の身体では決して象徴しえない「他界との結縁」を、遺骸を活用したモニュメントによって表示する、という側面もあっただろう。

(1) 墳丘築造企画の導入

　なお関東地方に波及した初期の前方後円（方）墳をみると、弥生中期後半から末までに導入された方形周溝墓の様相とは次の点で異なることがわかる。
　①墳丘のサイズが大型化する。②周溝幅が相対的に広くなる。③墳丘の土盛り法が定型的となり、土壇を擂鉢状に築き並べたうえで内部を土砂で充填する手法が採用される、などである。
　なによりも複雑に入り組む墳丘築造企画が採用される点に、それまでの方形周溝墓とのきわだった差違が指摘できる。新たな造墓技術が導入されたとみるべきである。そのうえ当時の倭人社会は無文字社会だったから、こうした技術の導入にあたっては、それを熟知した人物が遠方から招かれたと考えざるをえない。市の司の死に伴い、駿河湾沿岸地帯の人々の指導のもとにこ

れら前方後円(方)墳は構築されたとみるのが自然である。

なおさきに列挙した諸特徴は、ここ20年の間に各地で進展した墳墓資料の全面発掘調査によって解明されたもので、かなりの正確さをもって指摘できるようになってきた。後方部に限定された調査ではあるものの、今回取りあげる高坂8号墳についても、他の類似資料との比較点検によって具体的な言及が可能になった。

(2) 周溝型墳丘墓

ところで関東地域に波及する前方後円(方)墳は、なだらかな台地上や丘陵に築造される事例が多いこととも関連し、墳丘構築法にみる「周溝型」(北條1992)が基本である。本型式は奈良県桜井市纒向石塚古墳などごく初期(大賀前1期-大賀2013)の前方後円墳にも採用されたもので、その特徴は墳丘裾部を明確にしないために周溝底との区別がつかない点にある。墳丘斜面の下底部は垂直に近い急角度で掘り下げられ、墳丘裾に葺石やその根石(基底石)を巡らさない。ようするに方形周溝墓の構築法を踏襲するプリミティブな型なのである。

そのため「周溝型」の古墳を対象に築造企画を検討するさいには「列石・葺石型」とは異なる作業手順をとる必要がある。地割りの縄張りは旧地表面で行われたと推定されるので、旧地表面にもっとも近いと推定される「輪郭線の検出面」での様相を拾うことになる。第5図に概要を示した。そのうえ

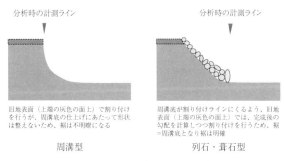

第5図 墳丘構築法における「周溝型」と「列石・葺石型」

で沼澤豊氏が提唱する分析手法（沼澤 2005ab）に準拠し、墳丘全体に方眼のマス目をかぶせ、築造企画を押さえることにする。

(3) 二段階に区分される企画類型

すると関東地方の初期前方後方墳のなかには同一企画墳が数多く認められることがわかる。このうち外枠が縦21単位・横16単位となる「丸ケ谷戸－高部類型」は、東海東部と房総半島を直結する型である。標識資料は静岡県富士宮市丸ケ谷戸古墳と千葉県木更津市高部30号墳で、ごく初期段階の築造企画の関東地方への波及の実態を示す実例だとみてよい。第6図に示したので確認いただきたい。

次の段階で登場する縦24単位・横15単位の「高尾山類型」は、静岡県沼津市高尾山古墳を標識とするもので、概要については別途紹介した（北條 2013）。第7図に示したこの類型は「周溝型」前方後方墳であるものの、箸墓類型（北條 1986）との共通性を示すものとして注目される。というのも箸墓類型は「列石・葺石型」に属する資料を念頭において設定されたものだからである。

なお最近公表された京都府向日市五塚原古墳（向日市教委 2014）と高尾山

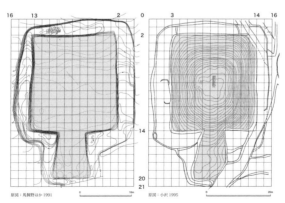

第6図　初期段階の墳丘築造企画（丸ケ谷戸－高部類型：21×16単位）

第Ⅰ部　三角縁神獣鏡が映しだす古墳時代

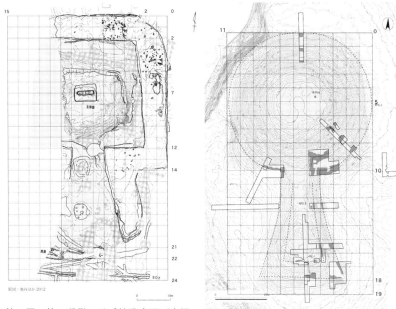

第7図　第2段階の墳丘築造企画（高尾山類型：24×15単位）

第8図　京都府五塚原古墳と高尾山古墳（北條 2015）

古墳の企画が高度に類似する事実も注目されるべきである。そのうえ五塚原古墳の後円部は方格地割にもとづく施工であったことを示唆する。この点は後円部の造成が後方部からの二次的派生であった可能性と、方眼マス目を被せる分析法の妥当性を裏付ける根拠ともなりうる。さらに五塚原古墳は箸墓古墳よりも先行して築造された可能性も高いことは、ことのほか重要だと私は考えており、第8図にその検討結果を紹介する（北條 2015）。

　ようするに「高尾山類型」とは―古墳自体は大賀Ⅱ～Ⅲ期に下るが―箸墓古墳に用いられた築造企画の原型たる五塚原古墳の企画に最も近いものとみることができる。この類型を基礎につくられた前方後円墳を指摘することもでき、その実例としては山梨県の甲斐銚子塚古墳がある。

　当面のところは、以上の2類型を指摘しておけば問題の概要を押さえることができる。関東・東北地方へと波及するごく初期の築造企画としては「丸

ケ谷戸－高部類型」があり、次世代に導入されなおす築造企画としては「高尾山類型」があって、どちらも駿河湾沿岸部の地域集団が整え用意した可能性が高い築造企画だということになる。大元の発信源はもちろん倭王権側だったと推測されるが、大和盆地でも伊勢湾沿岸部でも、あるいは近江地域でも、現時点では同様の企画をもつ最古相の資料を抽出できない。今後に委ねられる課題である。

(4) 高坂8号墳の築造企画

では以上の作業を基礎にして高坂8号墳を考える。前方部の様相があきらかではないために部分的な把握にとどまるが、周溝の両端の距離と後方部の両側面のラインとを手がかりにして、横16単位の枠組を適用することが可能か、あるいは横15単位の枠組の方が整合的かを点検してみた。その結果は後者であった。つまり本古墳に採用された築造企画は「高尾山類型」に類するものであった可能性が高く、後出的な「周溝型」の築造企画との間に共通性が認められることになる。第9図を確認いただきたい。

このような検討結果なのだが、副葬品の様相とも矛盾しない。すなわち高坂8号墳は、この古墳近辺に営まれた可能性が高い「内陸の津と市」の、第二世代あたりの司もしくは主要メンバーの一人を埋め込むモニュメントだったといえる。

なお高坂8号墳より前に築かれた前方後方墳で、初代の市の司に関わるモニュメントの有力候補としては諏訪山29号墳がある。この古墳の築造企画は「丸ケ谷戸－高部類型」

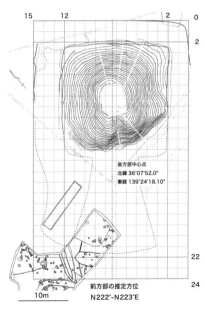

第9図　高坂8号墳と既知の墳丘築造企画の対応関係

に該当する可能性も指摘されるが、遺存状態が悪く詳細な検討に適さないことが惜しまれる。

5 高坂8号墳と富士山の関係

(1) 少数派となる事例

ひきつづき高坂8号墳の前方部の方位に着目する。なぜならこの古墳の前方部の向きは特殊だからである。関東地方に築かれた前方後円（方）墳をみると、台地の縁辺部に構築される場合、その多くは墳丘の主軸ラインを台地の縁に沿わせ、台地の下に河川が流れている場合には前方部を必ず下流側に向けるという原則がある（この場合、地性線とのなす角度は180°となる）。

しかし高坂8号墳はそのような一般原則にはあてはまらない。関東地方に所在する1,920基の前方後円（方）墳のなかから時期の判明している400基を統計処理にかけてみた結果は、前期段階の古墳の前方部は南向きが優勢と

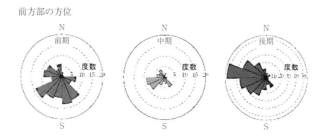

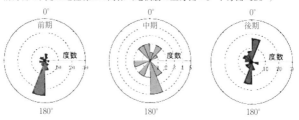

第10図　関東地方の前方後円（方）墳における前方部の向き（西ほか2003）

なる (西ほか 2003)。第10図に前方部の向きと方位の関係を検討したヒストグラムを示したので確認いただきたい。上段が各時期における前方部の方位性、下段が各時期の地性線との平行・直交の様相である。また埋葬頭位の傾向を一般化すると、関東地方の前期古墳は埋葬頭位が北優位で、前方部の向きとの関係は平行原則をとることもわかっている。

ところが高坂8号墳は、前方部を南西に向けている。埋葬施設もおそらく前方部の向きとの平行原則を保ち、枕も北東に向けたと推測されるが、地性線とは直交する向きに前方部の軸線を定めている。だから台地の縁辺に築造された古墳としてはごく少数派だといえる。

(2) 特定の嶺との関係を示す様相

ではなぜこの古墳の軸線が南北正方位に向かず、後方部の対角線を南北に向けるような形になったのか。この問題を点検する作業のなかで、そこには興味深い様相が認められることに気がついた。

それは高坂8号墳の前方部推定方向の延長線上に富士山と大岳山の嶺が並んでみえることである。第11図にその様相を示した。前方部の推定中心軸線を延長すると、厳密には手前の大岳山に重なるとみるべきだが、富士山も有力候補である。どちらの嶺も、のちに山岳信仰の対象となった「聖なる山」である。

ではこのような現象は偶然の産物であろうか。もちろん単なる偶然にすぎないと判断する向きも多いかと推測される。しかしさきに「丸ケ谷戸－高部類型」の標識例とした丸ケ谷戸古墳の調査時に前方部側から撮影された写真を参照すれば、むしろ必然であることに同意されるはずである。第12図に報告書 (馬飼野ほか 1991) の写

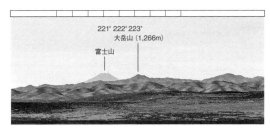

第11図　高坂8号墳の前方部前面の情景（カシミール3Dを使用）

第Ⅰ部　三角縁神獣鏡が映しだす古墳時代

第12図　静岡県丸ケ谷戸古墳の背景（馬飼野ほか 1991）

真を掲載させていただいた。

この写真は東海東部の地域集団にとって、富士山が単なる火山ではなかったことを物語っている。そこは彼らの祖霊祭祀とも密接不可分な結びつきをもつ「聖なる山」にほかならず、他界および他界観を基礎に醸成される創始祖先の神格化すなわち神観念の拠り所でもあったとみるべきである。

大郭型壺を携え関東の内陸部に深く入り込んだ人々は、そのことをもちろん熟知していたはずである。それゆえ都幾川沿岸に「内陸の津と市」を開いた人々にとっての富士山もまた、本拠地の在処を教える指標だっただけでなく、彼らが崇拝する始祖＝神の住み処としてとりわけ神聖視される対象であり続けたと考えるのが自然である。

同様の脈絡で多摩川上流域の大岳山がヤマアテ―漁民や航海民が採用する方位の指標としての嶺の利用で、大岳山は内陸の漁民たちが方位の指標としたことが知られている―の対象ともなり、富士山から派生する二次的な「聖なる山」に位置づけられたとしても不思議ではないはずである。

そのようにみれば、高坂8号墳の前方部が大岳山や富士山の方角を向くことの意味も無理なく理解できるのではなかろうか。この古墳を営んだ人々の出自が駿河湾沿岸方面に求められることを示す現象として重視したい。

(3) 複数の他界観との調和

ただし本家筋にあたる駿河湾沿岸地帯の地域集団は「聖なる山」だけを特別な他界として象徴化し崇拝した、ということでもないようである。西暦4世紀代までに築かれた近隣一帯の前方後円（方）墳の方位をみると、富士山

に軸線を向ける古墳は丸ケ谷戸古墳を含め3基（他に東坂古墳、向山16号墳）にとどまり、他は正方位南北に向けるもの1基（高尾山古墳）、東西に軸線を向けつつ富士山をほぼ真横に見据えるもの2基（浅間古墳、神明塚古墳）と、一様ではない。このうち高尾山古墳が正方位南北に墳丘の軸線を向けるのは、天の北極を他界の頂点に据える「北辰信仰」に依拠したためだと推測される。いっぽうの東西方位は弥生文化固有の伝統的太陽信仰との結びつきであったと考えられる。

このように複数の他界観との結びつきをそれぞれに選択し、どれか一つに収斂させることがなかったと理解される。いいかえると異なる他界観との関係を古墳造営時に順次分けもたせて表示することを通じて、当時知られていた他界観のすべてを対等に織りこむ融和策をとったのではないか、とも受けとめられる。

そもそも倭王権の本拠地となった大和東南部古墳群の前方後円（方）墳にみる様相も同じであるから、そうした複数の他界観との結びつけの混在・共存状態を東海地域でもひき写した可能性が高いとみてよい。

都幾川流域に目を向けると、この問題との関係で注目されるのが野本将軍塚古墳である。正方位南北に向けた墳丘の軸線をもつこの古墳は「北辰信仰」との結びつきを表示するモニュメントであり、富士山を崇拝する高坂8号墳との混在状況は、この地に設けられた「内陸の津と市」が由緒由来の異なる諸々の神からの守護を受けようとしたことの表れだった、といえるかもしれない。将軍塚古墳の築造年代の解明が待たれる。

(4) 埼玉稲荷山古墳の様相を生みだす背景

今回の高坂8号墳の分析を経て、私はようやく一つの結論をえることができた。西暦6世紀前半（5世紀後半との説も）につくられた有名な埼玉稲荷山古墳に認められる様相と、それが意味するところについてである。

この古墳の前方部の延長線上に富士山が重なる事実については以前からも指摘されてきた。第13図に示したとおり、その指摘は間違いなく事実であることを確認できた（写真は2015年早春に撮影）。しかしそうなると、後円部

第Ⅰ部　三角縁神獣鏡が映しだす古墳時代

第13図　埼玉稲荷山古墳前方部前面の情景

頂にある埋葬施設と富士山との結びつきへと問題は波及する。

　この古墳の被葬者は礫槨に覆われた船形木棺に安置されていた。埋葬頭位は船尾側であるが、足下側にあたる舳先は前方部側に向けられていた。つまり船の進む方向の延長線上には富士山がそびえる、という配置関係になる。この関係をみるかぎり、被葬者の霊魂は船に乗って前方部を伝い富士山に向かうようにと祈念された、そのような葬送儀礼がこの古墳で執り行われたとしか考えようがない。

　なぜ稲荷山古墳の被葬者の魂の行方が富士山なのか、この古墳の様相が判明しただけでは理解できないところがあった。しかし高坂8号墳の分析結果は、この問いに明確な解答を用意してくれた。富士山を他界の象徴として崇める観念は、すでに西暦4世紀代に東海東部の本拠地から埼玉県域に直接もたらされたものだったといえる可能性が出てきたからである。そのような歴史的背景があったからこそ、稲荷山古墳にみる特異な様相も必然的に生じたと考えられる。鉄剣に刻まれた銘文の内容に関わらず、この被葬者の出自は東海東部に求められる可能性が浮上してくるわけである。

　委細はともかく、関東地方の内陸部における古墳時代の幕開けは、のちの富士信仰の原型を大郭型壺に収納された稲籾とともにこの地にもたらすものでもあった、といえるかもしれない。

引用参考文献

安里 進 1998『グスク・共同体・村―沖縄歴史考古学序説―』溶樹書林

池谷信之ほか 2012『高尾山古墳発掘調査報告書(沼津市文化財調査報告書第104集)』沼津市教育委員会

大賀克彦 2013「前期古墳の築造状況とその画期」『前期古墳からみた播磨』第13回播磨考古学研究集会実行委員会

小泉龍人 2002「ウルク・ワールドシステムとは何か」『西アジア考古学』第3号

立花 実 2005「神奈川県西部地域における古墳の成立過程」『東海史学』第39号

西川修一編 1998『御屋敷添遺跡』財団法人かながわ考古学財団

西琢郎・百田博宣・藤盛紀明・北條芳隆 2003「関東地方の前方後円墳のデータベース化とその分析」(日本土木学会2003年度大会研究報告)

沼澤豊 2005a「前方後円墳の墳丘規格に関する研究(上)」『考古学雑誌』第89巻第2号

沼澤豊 2005b「前方後円墳の墳丘規格に関する研究(中)」『考古学雑誌』第89巻第3号

北條芳隆 1986「墳丘に表示された前方後円墳の定式とその評価―成立当初の畿内と吉備の対比から」『考古学研究』第32巻第4号

北條芳隆 1992「弥生終末期の墳丘墓と前方後円墳」『吉備の考古学的研究(上)』山陽新聞社

北條芳隆 2013「高尾山古墳と墳丘築造企画論」『西相模考古』第22号

北條芳隆 2014「稲束と水稲農耕民」『日本史の方法』第11号

北條芳隆 2015「五塚原古墳と墳丘築造企画論の現在」『長岡京跡ほか』(向日市埋蔵文化財調査報告書第102集)

馬飼野行雄ほか 1991『丸ケ谷戸遺跡』(富士宮市文化財調査報告書第14集)

向日市教育委員会 2014「五塚原古墳現地説明会資料」(同教委HPに掲載)

柳沼賢治 2013「大郭式土器の広がり―駿河以東について―」『駿河における前期古墳の再検討―高尾山古墳の評価と位置づけを目指して―』(静岡県考古学会2013年度シンポジウム)

若狭 徹 2002「古墳時代の地域経営(上毛野クルマ地域の3～5世紀)」『考古学研究』第49巻2号

渡井英誉 2013「大郭式土器から見た古墳時代前期」『駿河における前期古墳の再検討―高尾山古墳の評価と位置づけを目指して―』(静岡県考古学会2013年度シン

ポジウム）

Algaze, G. 1989 The Uruk Expansion: Cross-cultural Exchange in Early Mesopotamian Cvilization. *Current Anthropology* 30: 571-608.

基調講演3

集落遺跡が語る東松山の3～4世紀の社会

坂 本 和 俊

1　大型前方後円墳と津

　埼玉県最大の前方後円墳・埼玉二子山古墳（墳丘長138m、以下墳丘長略）を含む埼玉古墳群が形成された行田市埼玉地域には、『万葉集』巻14-3380に詠まれた「埼玉の津」が存在したと考えられる。また、栃木県最大の前方後円墳・琵琶塚古墳（123m）とそれに次ぐ規模の摩利支天塚古墳（121m）が形

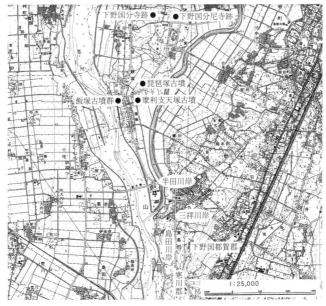

第1図　琵琶塚・摩利支天塚古墳と周辺遺跡および川岸地名

67

第I部　三角縁神獣鏡が映しだす古墳時代

成された小山市飯塚地内で思川と姿川が合流する。その周辺にある半田川岸・三拝河岸・島田河岸の地名は、その一帯が近世に河川交通の要衝であったことを示している（第1図）。二大古墳は古代の都賀郡域に形成されたが、そのやや下流に寒川郡との郡境がある。『万葉集』巻20-4377の歌を詠んだ津守宿禰小黒栖の居住地を歌の順序から寒川郡か都賀郡と捉えると、津守氏ゆかりの津が飯塚周辺に存在したことが想定される。その周辺が古くから水上交通の要衝であったのは、小郡の寒川郡に筑紫國の宗像神を祀った式内社胸形神社、安房國の神を祀った式内社安房神社が存在することからも考えられる。

　二つの津は『万葉集』から想定されるのだが、「魏志倭人伝」に記される倭国の官職に卑奴母離（夷守）があるのを考えれば、津守も古い時代に溯る官職であり、それらの津が古墳時代から機能していたとみて間違いないだろう。このことは、千葉県木更津市に金鈴塚古墳（95m）を含む浜須賀古墳群、富津市に内裏塚古墳（123m）を筆頭にする内裏塚古墳群が津の地名がある地域に形成されることと通じるのである。

　東国の大古墳に埋葬された首長は、農耕社会の首長というイメージが強

坂戸市大河原1号墳　　埼玉稲荷山古墳礫槨　　　飯塚31号墳

名古屋市平手遺跡

写真1　舟形木棺を使用する方形周溝墓と古墳

集落遺跡が語る東松山の3～4世紀の社会

かったが、このような津を管理下に置いて活発な経済活動を行っていたことが想定される。埼玉稲荷山古墳の粘土槨および礫槨内に置かれた木棺形態が舟形木棺と捉えられること、小山市飯塚古墳群にも舟形木棺が確認されること、市原市山王山古墳の粘土槨内の木棺も舟形なのは、東国首長層の職能の一端を象徴するものであろう。こうした舟形木棺には、千葉県館山市大寺山洞窟の舟を棺に転用した埋葬に通じるものがある。

　舟を転用した木棺の保存状態の良い例として、名古屋市平手遺跡の弥生時代後期の方形周溝墓があげられる。木棺は遺っていなかったが、5世紀末前後に築造された坂戸市大河原1号墳の粘土槨の舟形木棺は、それと似たものであり、稲荷山古墳の礫槨の舟形木棺の構造を考えるうえで参考になる（写真1）。

2　東松山市の二大古墳と津

　津は東松山市周辺にも存在したと考えられる。九条家本『延喜式』の裏文書、武蔵國大里郡坪付けは、熊谷市南東部から東松山市北東部の平安時代の土地利用と区割りを示したものであり、そこに速津里、牧津里が記されているからである。それらの里名に由来する津の位置を考える時に、旧大里村丸山遺跡から牛馬に押す烙印が出土しているのが注目される。烙印と牧を結び付けると、丸山遺跡近くにある和泉期の石製模造品製作遺跡・船木遺跡の船木（フナキ＝船来）、津田の地名も津の存在を示唆する。それよりも現在の荒川沿いにあるのが下田町遺跡である。この遺跡は、弥生時代から奈良・平安時代まで断続して形成され、牧と結び付けてもよいような馬の鞍、海岸地帯との交流を示すようなハマグリの貝殻などが出土する点で注目される。このような状況から旧大里村の低地に古墳時代前期から津が存在したと考える。

　そのような地域を見下ろす大岡丘陵に形成されたのが、埼玉県で最も古いと考えられる円筒埴輪を樹立し、前期末か中期初頭に編年される東松山市雷電山古墳である。この古墳は墳長が84mの帆立貝形前方後円墳だが、後円部径が58mあり、野本将軍塚古墳の後円部径56mを上回る。このような大

第 I 部　三角縁神獣鏡が映しだす古墳時代

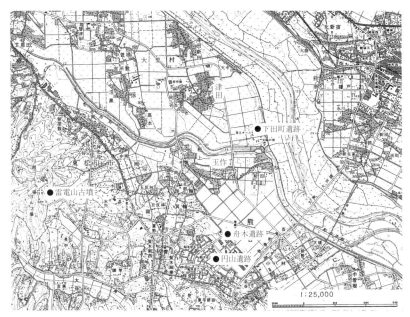

第 2 図　雷電山古墳と周辺の津に関係する遺跡と地名

きな古墳を形成した雷電山古墳の被葬者も立地などから考えて、速津里や牧津里の地名起源となる津を古墳時代前期末から管理していたと首長だと想定する（第 2 図）。

　埼玉二子山古墳に次いで埼玉県第 2 位の規模を誇る東松山市野本将軍塚古墳（115+ a m）は築造時期について諸説あるが、最近の発掘調査で底部穿孔土器の配置が明らかになり、築造時期が 4 世紀中葉〜後半に築造されたと見直されるようになった甲斐（山梨県）天神山古墳に墳形が類似すること（第 3 図）、それと同じように円筒埴輪をもたないこと、野本将軍塚古墳から見下ろす位置にある反町遺跡で山梨県産とされる水晶と地元産緑色凝灰岩を玉類に加工する 4 世紀代の工房址が発掘されたことなどを考慮すると、野本将軍塚古墳は雷電山古墳に先行し、4 世紀中葉〜後半代に築造されたとみるのが妥当だろう。

　なお、シンポジウムの時点では、野本将軍塚古墳と大和の大王墓との関係

集落遺跡が語る東松山の3〜4世紀の社会

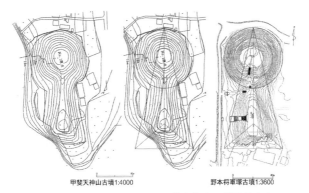

第3図　相似形とみられる天神山古墳と将軍塚古墳

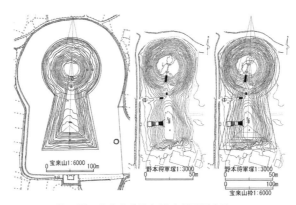

第4図　宝来山古墳と野本将軍塚古墳

を明らかにできなかったが、垂仁天皇陵・宝来山古墳が円筒埴輪の編年や墳形などから日葉酢媛命陵・佐紀陵山古墳より若干新しいとされる最近の知見を採り入れると、野本将軍塚古墳は宝来山古墳をモデルにしたと想定される。宝来山古墳の現墳長227mに周濠下に隠れた部分が加わり、野本将軍塚古墳の前方部削平がそれほど顕著でないとみれば、野本将軍塚古墳は宝来山古墳の1/2墳であった可能性が高いのである。それを示すために第4図のように宝来山古墳の測量図から復原図を作成し、それを1/2にして野本将軍塚古墳に被せるとほぼ一致する。このことから野本将軍塚古墳の副葬品や鏡を想定する場合には、宝来山古墳と深い関係が想定される佐紀陵山古墳の副葬品を

第Ⅰ部　三角縁神獣鏡が映しだす古墳時代

参考にするのがよいだろう。

　反町遺跡で使用された水晶が水路を利用して運ばれたとみれば、それを眼下に見る野本将軍塚古墳周辺にも津が存在し、それを管理したのが野本将軍塚古墳の被葬者だったと推定される。松山台地の野本から大岡丘陵に首長墓の築かれる位置が変更するのは、洪水や河川の流路変更などで津が機能しなくなったこと等も考えてよいだろう。

3　土器の地域差と変化をみる目

　3世紀中葉は、弥生時代から古墳時代に移行する時期である。それより前の弥生時代後期は、「漢書地理志」と「魏志倭人伝」に記されたクニの数からみて、倭国が統一されて行く時代であった。朝ドラで「じぇ、じぇ、じぇ」や「こぴっと」という方言が最近話題になったが、弥生時代後期にはそうした方言や訛りがクニごとにあったと思われる。それを裏付けるのが、土器の形や装飾などが地域毎に大きく異なっていることである。西日本では、クニの統一が早く進んだためか土器の形や装飾などが共通する地域が広いが、関東地方では茨城・栃木・群馬の各県にそれぞれ特徴ある弥生時代後期の土器がみられた。神奈川・東京・埼玉・千葉では、それよりもさらに共通の特徴をもつ土器の分布する範囲が狭かったのである。埼玉県には、さいたま市や富士見市など弥生町系土器が分布する地域と東松山市や熊谷市など吉ヶ谷式土器が分布する地域があり、土器の形や施される模様などに地域差が認められた（第5図）。

　それが3世紀に入ると大きな変化が認められるようになる。それまで東松山地域では、煮炊きに平底の甕が使用されていたが、根平遺跡4号住居跡からは吉ヶ谷式の甕とともにさいたま市以南、南関東地域で盛行した台付甕、あらたな器種である器台・坩が一緒に出土している。さらに胴部が球形の甕に吉ヶ谷系の縄文を施したものも存在する。この地域では、吉ヶ谷式土器が変容して、南関東系の台付甕とともに東海地方西部系の高坏・器台・坩などの器種が採用されて行くのである（第6図）。

集落遺跡が語る東松山の3〜4世紀の社会

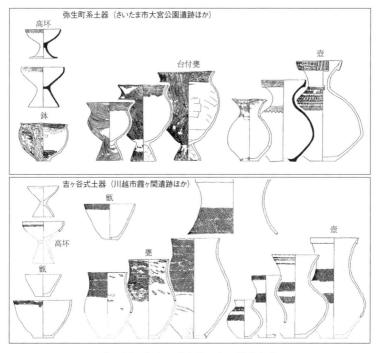

第5図　弥生町系土器と吉ヶ谷式土器

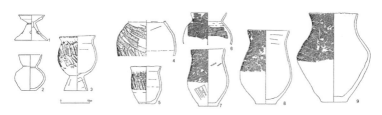

第6図　根平遺跡4号住居跡出土土器

　こうした土器の変化からみると古墳が出現する3世紀には、土器の移動だけでなく、人の移動もあったと考えられる。転換期を過ぎ、古墳時代が進むにしたがって土師器は次第に装飾性を失い、地域差が目立たなくなる。それでも注意してみると地域差が遺っていて、生産地が判ることが少なくない。そうした目で集落遺跡出土の土器をみると、在地の土器とともに他地域（外

73

第Ⅰ部　三角縁神獣鏡が映しだす古墳時代

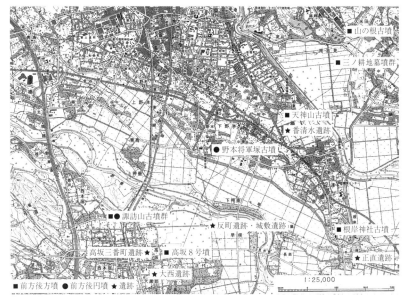

第7図　野本将軍塚古墳と周辺の前期古墳および関連遺跡

来系）の土器が多く出土する遺跡と、在地の土器だけが多く出土する遺跡とが存在するのが判る。

「ふるさとの　訛りなつかし　停車場の　人ごみの中に　そを聴きにゆく」という石川啄木の歌の訛りを土器の形や模様に置き換えると、外来系土器が多く出土する遺跡周辺に停車場に相当する津＝古代の船着き場が存在したことが想定される。

野本将軍塚古墳の被葬者を津の管理者と想定したのだが、古墳の北方1.5kmに位置する五領遺跡、南方1.5kmに位置する反町遺跡から古墳時代前期の外来系土器が多く出土しているのが注目される（第7図）。両者が古墳時代前期、3～4世紀に形成された遺跡という点では共通するが、五領遺跡が台地、反町遺跡が低地に立地するだけでなく、出土する外来系土器にも差が認められる。

ここからは、二つの遺跡を介して、本題の東松山市周辺の3～4世紀の社会を垣間見ることにしよう。

4　首長居館周辺の五領遺跡

　古墳時代の土器・土師器の編年研究は、まず戦前に古墳文化の発信地というよりは外郭部の関東地方で杉原荘介によって進められた。和泉式→鬼高式→真間式→国分式の型式設定である。それが戦後、今から60年前に東松山市五領遺跡で出土した土器が和泉式土器に先行するものであることが金井塚良一、杉原荘介らの研究で明らかになり、五領式という土師器の型式が設定された。五領式の設定によって、古墳時代前期の土師器研究はにわかに進んだのである。その記念すべき標識遺跡が東松山市には、存在するのである。

　五領遺跡は、東松山市若松町2丁目、大字柏崎字五領地域にまたがる古墳時代の大集落であり、その面積は5haに及び、古墳時代の竪穴住居跡が150軒以上発掘調査されている。しかし、正式報告書が刊行されていないためにその全貌は明らかでない。限られた情報のなかから筆者は、2軒の竪穴住居跡から石釧の破片が出土しているのに注目したので、東松山市教育委員会に働きかけ、その写真を資料として掲載することができた（写真2）。それらの石釧は前期古墳出土のものと材質的に違いがなく、本来ならば古墳から出土するものだと考える。そのような一般集落から出土しない石釧が2点出土している五領遺跡は、その一角に古墳に埋葬される人物の居所、首長居館が存在することを想定させる。つまり、五領遺跡は古墳時代前期に野本将軍塚古墳の被葬者が居住した居館の周囲に形成された集落遺跡だと推定する。そこから出土する土師器に近畿地方の古墳時代前期の布留式の甕・小型丸底土

写真2　五領遺跡出土の石釧破片

器・器台・有段鉢などときわめて良く似たものが多く含まれているのである。五領遺跡は、正式報告書が刊行されていないので土器の総量などは明らかでないが、関東地方で布留式系土器が最も多く出土している遺跡でないかと思われる。しかし、公表された資料に布留式系の高坏が全く存在しない点にも注意する必要がある。このことは、五領遺跡の居住者に近畿地方から移住した人が含まれていたとしても、その人数は限られていたと想定される。

　その点は、東海西部系土器がセットで出土する遺跡があり、その様式が定着し、地域的な発展を遂げる群馬県の在り方と大きく異なっている。公表された五領遺跡の土器組成をみると、在地の弥生時代後期・吉ヶ谷式土器の伝統を引くものがほとんどみられず、煮炊きに使われる甕は南関東系のくの字状口縁台付甕が多く、次に近畿地方の布留式系の丸底甕、それにわずかに東海西部か群馬県か明らかでないが、S字状口縁台付甕が存在する。台付甕には、布留式土器の影響を受けた球形胴の甕に台を付けたものもあるので、布留式土器に対する思いが強かったことが想定される。他の器種に目を向けると、山陰地方の鼓形器台・甕・底脚高坏、東海地方西部のパレス系壺・伊勢型壺・器台、弥生時代後期の可能性がある中部高地系高坏などが出土している。このことは、五領遺跡の居住者が広い地域との交流をもっていたことを示すものである。それは、首長居館の存在を想定する根拠とした２個の石釧素材が地元産でなく、福井県産と長野県産とみる北條芳隆の見解とも整合する。

　関東地方の古墳時代前期の土師器は、高坏・器台などに東海地方西部系の器種が含まれる傾向が強い。それに反して、五領遺跡では、高坏を除くと近畿地方の布留式系統の器種の比率が高いといえる。五領遺跡から出土した土師器は、古墳時代前期の関東地方の土師器の指標とされたのだが、組成をみると関東地方の一般的な集落の在り方を示していなかったのである（第８図）。

　古墳時代は、定型化した前方後円墳の形成をもって始まるとする見方がある。そして古墳は、前方後円墳・前方後方墳・円墳・方墳という墳形の秩序と、規模による格差とがあり、それを前方後円墳体制と都出比呂志は提唱した。それを全面的に支持するかはともかく、古墳時代は格差社会なのである。したがって、集落遺跡の構造や出土遺物の組成にもそれが反映していると捉

集落遺跡が語る東松山の3〜4世紀の社会

えるべきである。つまり、集落遺跡出土の土器にも古墳文化の発信地・ヤマトに近い土器組成、それと無縁な土器組成、その中間的なものが同時に存在したことを想定する必要がある。

古墳時代の研究は、墓については限られた者しか築くことのできなかった

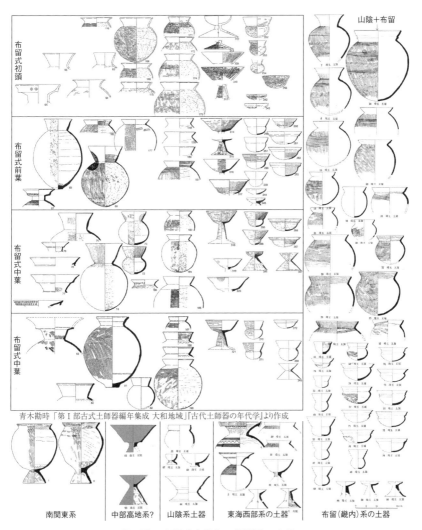

第8図　布留式土器と五領遺跡の土器

第Ⅰ部　三角縁神獣鏡が映しだす古墳時代

顕著な墳丘をもつ古墳の副葬品を中心に進められたのに対して、土器については古墳とは無縁な人達が多く居住した集落出土の土器を中心に進められたという学史がある。それが古墳の全面発掘が行われるようになり、古墳出土土器が増加し、それにも目が向けられるようになった。その結果、古墳出土土器と集落出土土器の違いが問題にされるようになった。その違いは、使われる場の違いが問題にされたが、使う階層が異なっていたことも考える必要がある。五領遺跡出土の土器組成が、どちらかというと古墳出土の土器組成に近いのは、首長居館の周辺に形成された集落の土器だからだと捉える。

5　モノツクリと交易のムラ・反町遺跡

　反町遺跡では、自然の河川・溝・竪穴住居跡などから多くの土師器が出土している。そのなかには、弥生時代後期に比企地方で一般的に使用された吉ヶ谷式土器の伝統を残す甕や壺などもみられる。しかし、主体となるのは南関東系の土器である。そして、五領遺跡と違って布留式系の甕が認められないのに対して、東海地方西部の壺・高坏・器台・S字状口縁台付甕などの割合が高いように思われる。しかし、古墳時代前期末には、布留式系統の高坏が伴うようになる。それより古い近畿地方の土器として、山城系のタタキ甕とされるものが出土している。東海地方と近畿地方以外に、北陸系の土器も一定量出土しているし、吉備系とされる土器も出土している。つまり、反町遺跡は、在地および南関東系の土器に加えて、それよりも遠隔地の土器も出土している。そうしたことから反町遺跡の近辺に津があり、遠隔地からも物と人がやってきたのでないかと考える。
　それには、交換する物資が必要である。その一つとして、地元葛袋で産出する緑色凝灰岩があげられる。反町遺跡では、地元産の緑色凝灰岩を使って管玉、山梨県産とされる水晶を使って勾玉を製作する工房跡が確認されている（第9図）。それ以外に瑪瑙や黒曜石も出土しているので、瑪瑙を使った玉も製作されていた可能性がある。比企地方には、瑪瑙が採集できる川もあるようだ。

集落遺跡が語る東松山の3～4世紀の社会

碧玉や緑色凝灰岩を使った管玉の生産が山陰や北陸地方では、弥生時代から行われていたから反町遺跡出土の北陸系土器、五領遺跡出土の山陰系土器は、玉作の系譜を考えるうえで無視できないものである。玉作の工房ではないが、234号住居跡出土の土器は1/3が北陸系であり、竪穴住居跡の平面プランも北

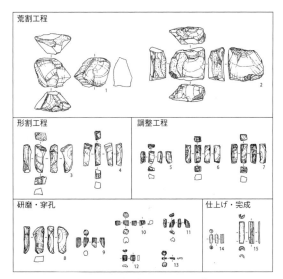

第9図　反町遺跡管玉製作工程復原図

陸的な円形を呈している（第10図）。したがって、このような住居には北陸から移住した人が住んでいたと考えるのが妥当であろう。

反町遺跡では、北陸地方から移住した人が葛袋の緑色凝灰岩を素材にして管玉などの玉作を開始し、やがて山梨県で産出する水晶を使った勾玉も製作するようになったのであろう。工房は別だろうが、玉生産の拡大はガラス小玉の鋳造にも及んだことが鋳型片の出土から推測される（第11図）。ガラス小玉の鋳型は、たこ焼き器を小さくしたような形である。その鋳型の凹みにガラスの粉末を入れて、鋳型を下から加熱して粉末を溶かして小玉を作るのである。その粉末は、ガラス廃材から作ると考えられている。

古墳時代前期の鋳型が出土する遺跡として、福岡市西新町遺跡・千葉県木更津市鶴ヶ丘1号墳・同県四街道市川戸下遺跡・東京都豊島区豊島馬場遺跡・同板橋区松月院境内遺跡があげられる。これらの遺跡が海岸や河川沿いに存在することからみて、ガラス廃材は朝鮮半島からまず那の津・西新町遺跡にもたらされ、そこから関東各地の津まで船や舟で運ばれたのであろう（第12図）。

第Ⅰ部　三角縁神獣鏡が映しだす古墳時代

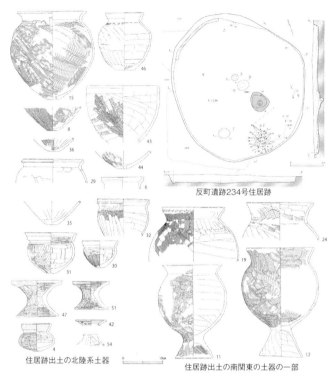

第10図　反町遺跡234号住居跡平面図と出土土器

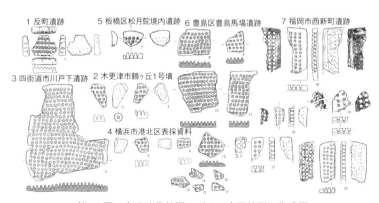

第11図　古墳時代前期のガラス小玉鋳型の集成図

集落遺跡が語る東松山の3〜4世紀の社会

　山梨県産の水晶も水路を利用して運搬したのであろう。馬が登場する古墳時代中期以降なら陸路の秩父あるいは八王子方面を経由して運ぶことも考えられるが、それ以前には、富士川→駿河湾→東京湾→入間川→越辺川→都幾川を経由して舟で運んだと捉えるのが

第12図　古墳時代前期の関東地方のガラス小玉鋳型出土地分布

妥当であろう。東松山市域と駿河湾岸の交流があったことは、反町遺跡に隣接する城敷遺跡・高坂二番町遺跡・高坂三番町遺跡・諏訪山29号墳等から駿東地方の大廓式土器の大型壺が出土していることからうかがうことができる。

　高坂三番町遺跡で出土したような高さ1mを越える大型壺は、直接舟に載せるのでなく、籠を被せて保護し、舟の舷側に括り付け、壺が浮くだけの物資を入れて運搬したことが想定される。大廓式土器の中心地沼津市にも津があり、そこが富士川を下ってきた水晶を各地に送り出すセンター的役割を担っていたことを想定させる。水晶は母岩から遊離しやすいので、舟に直接吊さず、結晶や母岩を入れた壺を舟に括り着けて運搬したことが考えられる。

　反町遺跡が水路を利用して海岸地帯と交流をもっていたことは、「穿孔貝巣穴痕跡軟質泥岩」とよばれる小石の火を受けた物が2点出土していることからもいえる。その石は東京湾岸に散在するものであり、土器を使わないで塩（灰塩団子）を作る際に混入した異物と推定され、海岸地帯との交流を示す遺物だが、性格が明らかでないために報告されることが少なかった。塩は必需品であり、反町遺跡だけに持ち込まれたものでないが、その流通が確認できる遺跡として注意しておきたい。

　反町遺跡では、緑色凝灰岩の産出地に近いことから管玉の製作が始まり、やがて他地域産の水晶やガラス廃材を使った玉作も行われるようになったの

第Ⅰ部　三角縁神獣鏡が映しだす古墳時代

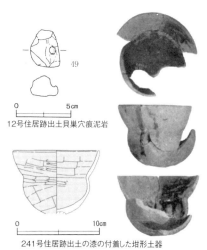

第13図　貝巣穴痕泥岩と漆が付着した土器

であるが、玉だけでなく漆を塗った品物も製作していたことが241号住居跡出土の小型丸底土器に漆が付着していたことから想定される（第13図）。漆は漆器だけでなく、前期古墳出土の盾・甲冑・矢・刀装具などにも使用される。反町遺跡では多様な漆製品も製作していたと考える必要がある。

つまり反町遺跡では、我々が認識できる以上の物の生産と流通が行われていたのである。人と物の交流とモノツクリが盛んな反町遺跡の近くには、津と付随する市が存在したことが想定される。そして、それらを管理したのが野本将軍塚古墳の被葬者とその一族であったと考えるべきであろう。

おわりに

「集落遺跡が語る東松山の3～4世紀の社会」というタイトルで、基調報告をするのが筆者に与えられた課題であった。しかし、限られた時間のなかで東松山市の古墳時代前期の遺跡のすべてを語ることは困難であるし、筆者の能力を超えるので五領遺跡と反町遺跡に焦点を当てて論じてきた。この二つの遺跡は、古墳時代社会を捉えるうえで重要な遺跡であるが、決して一般的な遺跡とはいえないと捉えている。谷戸田に面した台地に立地する農耕集落では、これらの遺跡に比べると外来系土器が少なく、吉ヶ谷式土器の伝統が遅くまで遺っているとみる。この土器の見かけの古さと、実際の前後関係を示すのは、容易な作業でない。それには、遺跡ごとに住居跡の前後関係を明らかにして、各遺跡の土器動向を示すことが求められる。

集落遺跡が語る東松山の3〜4世紀の社会

　今回は、その作業を飛ばし、古墳の規模や形態に格差があるように、集落遺跡にもそれが認められるという視点で五領遺跡と反町遺跡を俎上に載せたのである。この二つの遺跡は、東松山市域の古墳時代前期の動向を捉えるうえで重要な遺跡であるが、類型や数のうえでは東松山市域を代表する遺跡とはいえないだろう。面積はともかく、数のうえではこの二つの遺跡よりも外来系土器の割合が少ない遺跡が東松山市域にも多く存在すると考えるからである。

　最後に問題の三角縁神獣鏡について触れると、高坂8号墳に伴うのか、高坂神社境内古墳に伴うのか明らかでないが、二つの古墳も反町遺跡を眼下に収める位置にある。それらを野本将軍塚古墳より1〜3世代程前の首長が築いた古墳とみれば、時期的にそれらの築造者も反町遺跡の形成に関与したと捉えるのが妥当であろう。

　三角縁神獣鏡を初期ヤマト王権が配布したとする説に従えば、ヤマト王権は反町遺跡とその近くに存在した津を管理した首長家系に三角縁神獣鏡を賜与することによって、その物流網の拡大を図ったことが想定される。ヤマト王権は津を管理するような地方首長に古墳の副葬品を賜与するだけでなく、彼らと婚姻関係を結ぶことによって、交易網を拡大して行ったのだと想定する。なお、三角縁神獣鏡の配布主体ではなく、仿製方格規矩鏡などの配布者の可能性が想定される宝来山古墳の築造者と野本将軍塚古墳の築造者の間にも、1/2墳を造ることを認めるような深い関係があったとが推定される。

　交通や軍事の要衝に三角縁神獣鏡を副葬する前期古墳が築造されることは、小林行雄が早くから指摘していたことである。その指摘の通り、津の存在が近くに想定される反町遺跡を眼下に望む高坂台地で三角縁神獣鏡が発見されたのである。今回は、それを契機にして古墳時代のネットワークの核となる津の役割の評価を試みた次第である。

　補註
　　シンポジウムのなかで菅谷文則が大廓式土器の大きな壺が舟の外側に付けられて

第Ⅰ部　三角縁神獣鏡が映しだす古墳時代

運搬されたとすれば、フジツボの付着が想定されるので土器を洗浄する時にそれを見落とさないように注意を喚起している。筆者は、大廓式土器が舟の外側に付けられたことを想定しながらそうした点を考えていなかった。改めて、このことを考えた時に、大廓式土器の壺を特徴づける口縁部内側の突帯は木蓋をして、土器の内部に水が入らないようにした工夫でないかと捉えられる。搬出先で出土した大廓式土器の壺を見ることは比較的多かったが、駿東地域で出土した土器を見たいと思いながら見る機会が無かった。筆者が気になったのは、壺の胎土に砂粒が目立つことであった。通常の壺は滑沢にヘラミガキされるので高坏などと胎土が違うのか比較したいと思っていた。もし、駿東地域で出土する壺形土器に滑沢なヘラミガキが確認されるならば、筆者が搬出先の大廓式土器の壺から考えた砂粒が目立つ特徴的な胎土は、滑沢にヘラミガキされた器表面が海水で風化されたことを示すことになる。氏の指摘から大廓式土器の壺を観察する際の注意点が示されたので追加して記した。

引用参考文献

金井塚良一編著 1971「特集五領式土器について」『台地研究』№ 19 台地研究会

小林行雄 1961『古墳時代の研究』青木書店

近藤義郎編 1992・1994『前方後円墳集成』近畿編、中部編、東北・関東編　山川出版社

埼玉県教育委員会編 1980『埼玉 稲荷山古墳』

埼玉県教育委員会編 1980『根平遺跡』

埼玉県県史編さん室編 1986『埼玉県古式古墳調査報告書』

埼玉県立博物館編 1994『検証！関東の弥生文化』

（財）大阪府文化財センター編 2006『古式土師器の年代学』

（財）埼玉県埋蔵文化財調査事業団編 2009・2011・2012『反町遺跡・反町遺跡・反町遺跡』Ⅰ～Ⅲ

坂戸市教育委員会編 2012『大河原遺跡』

坂本和俊 1996「武蔵の前方後円墳」『東北・関東における前方後円墳の編年と画期』東北・関東前方後円墳研究会

坂本和俊 2013「古墳築造の基盤となった集落と首長居館」『埼玉の文化財』第 53 号 埼玉県文化財保護協会

杉原荘介・大塚初重編 1971『土師式土器集成』本編 1 東京堂

都出比呂志 2005『前方後円墳と社会』塙書房

徳川宗賢・W. A. グロータス編 1976『方言地理学図集』秋山書店
栃木県立しもつけ風土記の丘資料館編 2013『秋季特別展 摩利支天塚・琵琶塚古墳と飯塚古墳群』
名古屋市博物館編 2011『平手町遺跡出土の舟形木棺』
八王子市郷土資料館編 1983『特別展図録 三〜四世紀の東国』
東松山市市史編さん課編 1981『東松山市史』資料編第一巻 東松山市
廣瀬 覚 2015『古代王権の形成と埴輪生産』同成社
松浦茂樹編著 2011『埼玉の津と埼玉古墳群』野外研究叢書 3 野外調査研究所

第Ⅱ部

討論の記録

三角縁神獣鏡と3～4世紀の東松山

パネラー：菅谷文則　上野祥史　北條芳隆
　　　　　坂本和俊　佐藤幸恵
進　　行：車崎正彦

車崎　こんにちは。朝早くから、菅谷先生、上野先生、北條先生、坂本先生と、ちょっと難しいお話もあったかと思いますが、これから少し議論をしていきたいと思います。会場の方々からも質問をたくさんいただいておりますが、一つ一つ答えている時間がありませんので、討論のなかで、できるだけ答えていくような形で進めていきたいと思います。どうぞご容赦ください。

　そもそも三角縁神獣鏡は日本で作られたのか、中国で作られたのか、菅谷先生も上野先生も見解を示しておられますし、私も意見をもっています。ただ、この問題について議論すると、それだけで終わってしまうかもしれないので、最初に簡単に説明しておきたいと思います。

　第1図は高坂で見つかった三角縁神獣鏡です。三角縁神獣鏡とよんでいる鏡は、先ほど菅谷先生が561枚＋αと言われましたが、同笵鏡とか同型鏡という同じ図柄の鏡でも細かく見れば必ず違いがあります。日本の古墳から出土した鏡は5,000枚ほど知られていますが、第2図の点を鏡とすれば、それぞれに類似と差異があって、差異を見ていくと一つ一つ扱うことになって際

第1図

第Ⅱ部　討論の記録

第2図

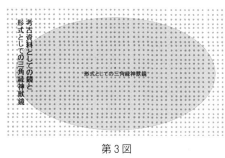

第3図

第4図

限がありません。そこで例えば第3図のように類似のネットワークによって三角縁神獣鏡という形式の枠を見出し、点と点の差異を省略して、第4図のように枠だけにして同じものとして扱います。形式にはさまざまのレベルがあって、高坂の鏡は、小林行雄先生の配置Hという形式に属し、また岸本直文さんの表現⑧という形式に属します。資料としての鏡にある差異を忘れて、同じ形式の鏡は同じものとして扱うというのが考古学の大事な約束事です。

第5図は、中国で作られた中国鏡と日本で作られた倭鏡に大きく分けて示した図です。この分類の嚆矢は富岡謙蔵先生の『古鏡の研究』という1920年に出版された本ですが、そのなかで三角縁神獣鏡、富岡先生は大形半肉刻式神獣鏡という名称を使われましたが、三角縁神獣鏡には中国鏡とそれを模作した倭鏡があるという見解を示されました。それを図式的に示したのが第6図で、それに異論がない状況が40年以上続きました。

第7図に示したのは、1962年に森浩一先生が発表された説で、三角縁神獣鏡は全て倭鏡だという説です。王仲殊先生も倭鏡という説ですが、第8図の三角縁神獣鏡の右半分の濃い網の部分が銘文や図柄などに中国鏡と共通す

三角縁神獣鏡と3〜4世紀の東松山

る点があるのは中国の工人が日本へ渡って来て作ったからだと解釈されました。森先生も王先生も、富岡先生が中国鏡と考えられた三角縁神獣鏡の右半分の鏡に対する疑問が出発点になっています。逆に、左半分に変更を加えるならば、第9図のように全て中国鏡とする説になり、私が1997年に発表しました。

第6図から第9図は、形式としての鏡について、中国鏡と倭鏡という見方から説明したものです。これに対して第10図は、中国で出土する鏡と日本で出土する鏡という見方から見たもので、三角縁神獣鏡は全て日本で出土する鏡になります。図式的には第6図から第10図のようにまとめられるわけ

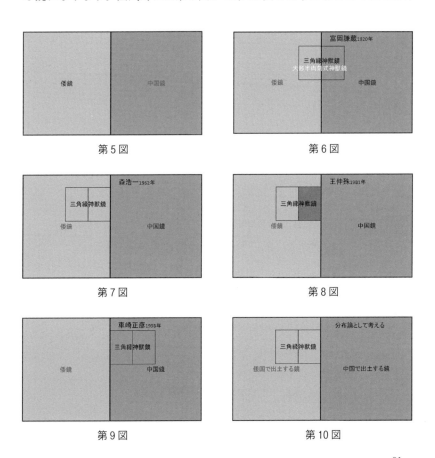

ですが、それをどのように考えるのか、細かな議論があって、菅谷先生も説明されたように議論が尽きないわけですし、それは短時間では説明しきれないので今日は省略させていただいて、これからの討論をお聞きいただいて、皆さんには陪審員として判断していただければありがたいと思います。私だけが一方的に説明すると怒られるかもしれないので、私と対極のご見解の菅谷先生にまずご意見をいただきたいと思います。

菅谷 素晴らしくよくわかる表にしていただいて大変ありがとうございます。今おっしゃった日本のなかで作った中国鏡ということを書かれた、王仲殊先生が日本に来て初めてこういうことをお話されたのは、全日空のシンポジウムで、その時通訳をしたのが私でありました（笑）。思い出しております。

車崎 全日空のシンポジウムは三角縁神獣鏡の研究が活発になった大きな契機で、私も傍聴していた一人です。三角縁神獣鏡の製作地問題はひとまず棚上げにして、ここで、高坂の三角縁神獣鏡が出た状況について佐藤さんからご報告していただきます。

佐藤 東松山市の三角縁神獣鏡が発見された経緯についてご報告したいと思います。高坂駅東口第一土地区画整理事業は、平成10年度から発掘調査を進めておりまして、平成23年度に高坂8号墳の調査に着手しました。高坂台地の北東崖下が今現在あずま町、台地の縁のところにあった高坂8号墳を発掘調査しました（第11図）。

これが高坂8号墳でして、発掘前は円墳だと思って掘りはじめたんですけど、最終的には前方後方墳ということになりました（第12図）。高坂8号墳

第11図

第12図

の埋葬施設はここでした。実は墳頂のところに幕末から明治ぐらいにかけての土壙墓が二つと、撹乱などがかなりありまして、もうここの埋葬施設は見つからないだろう、と絶望的な気持ちでやってたんですけど、捩文鏡という小さな鏡が発見されましたので、ここが埋葬施設だろうという見当がつきました。実はその捩文鏡を発見した次の日に、三角縁神獣鏡が発見されました（第13図）。

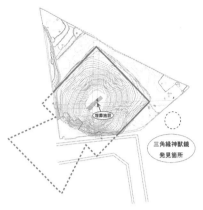

第13図

高坂8号墳を真夏の暑い最中から発掘しておりましたので、作業員さん達がちょっと休むのに日陰をということで、隣接する高坂神社のところでお休みさせてもらっていました。実は休憩していたあたりに埋まっていた状況になります。作業員さん達が休んでいたお尻の下にあったということになります（笑）。もうほんとうに地表面からすぐにあったといった状況で表採されました（第14図）。この土がどうもここにある地の土ではなくてどこかから捨てられた、このへんの土は掘っていただければわかるんですけど、一番上は黒い土が出ますので、黒い土ではなくてロームブロック混じりの土の間からほぼ表面上にたくさん鏡の破片が出てきた状況です（第15図）。

鏡2片だけ最初に出てきましたので、そのあと他の破片があったら大変だ

第14図

第15図

第Ⅱ部　討論の記録

第16図

第17図

ということで、高坂神社の宮司さんにお願いして調査させてもらったところ、破片がバラバラとその周辺から出てきた状況です。

　鏡の破片はロームブロックが混じった土の中からの出土で、高坂8号墳がこういうロームブロック混じりの土で築造されていたことから、墳頂に土壙墓がありましたので、そこから掘り出されて捨てられたものかなと最初は思っていたんですけれども、今日いらっしゃってる先生方に検討していただいたところ、あまりにもこの土、高坂8号墳の土壙墓2個作ったぐらいじゃこの捨てられた土が多過ぎるんで、高坂8号墳とも言い切れないよと、指摘されているところです。

　これが鏡が出土した土①で、この下が旧表土②になります（第16図）。なので①の土は、どこかからか持ってきた土であることは確かなので、どこかの古墳を壊して壊した土の中に鏡が混ざっていたのかなというようにも考えています。こうやって先生方に現地で確認してもらっております（第17図）。

車崎　菅谷先生は、三角縁神獣鏡の出方がけったいだとおっしゃられましたが、こういう状況で見つかったわけです。普通ならば、古墳の埋葬施設から副葬品として見つかるわけです。高坂の三角縁神獣鏡の問題の一つは、この鏡の出方にあります。

　ところで、どこで出土したかわかっている三角縁神獣鏡は約500枚ありますが、関東には三角縁神獣鏡は18枚しかありません。第1表は見つかった順に並べていて、最も古いのは延宝5年、1677年に見つかった群馬県板倉

三角縁神獣鏡と3〜4世紀の東松山

第1表　関東での三角縁神獣鏡の出土

年	出土地	鏡種	径
1677年	板倉町赤城塚古墳	三角縁獣紋帯三仏一神四獣鏡	23.1cm
1894年	群馬県富岡市北山茶臼山古墳	三角縁画象紋帯龍虎鏡	24.9cm
1909年	群馬県高崎市柴崎蟹沢古墳	三角縁正始元年銘帯同向式神獣鏡	22.0cm
		三角縁獣紋帯三神三獣鏡	21.9cm
1913年	群馬県太田市頼母子古墳	三角縁波紋帯龍虎鏡	21.7cm
		三角縁吾作銘帯三神五獣鏡	22.6cm
1915年	以前群馬県藤岡市三本木古墳	三角縁陳氏作銘帯神獣車馬鏡	21.9cm
		三角縁張氏作銘帯三神五獣鏡	22.6cm
		三角縁陳是作銘帯四神四獣鏡	22.0cm
1935年	神奈川県平塚市真土大塚山古墳	三角縁陳是作銘帯四神二獣鏡	22.1cm
1937年	神奈川県川崎市加瀬白山古墳	三角縁獣紋帯四神四獣鏡	22.4cm
1963年	千葉県香取市城山1号墳	三角縁吾作銘帯三神五獣鏡	22.6cm
1968年	群馬県前橋市天神山古墳	三角縁獣紋帯五神四獣鏡	22.5cm
		三角縁獣紋帯四神四獣鏡	21.7cm
1969年	群馬県玉村町川井稲荷山古墳	三角縁獣紋帯四神四獣鏡	22.5cm
1973年	千葉県木更津市手古塚古墳	三角縁獣紋帯三神三獣鏡	23.9cm
1997年	1925年頃茨城県水戸市大場天神山古墳	三角縁波紋帯神獣鏡	22.0cm
2011年	埼玉県東松山市高坂	三角縁陳氏作銘帯四神二獣鏡	22.0cm

第18図

町の赤城塚古墳の鏡です。ただ、この鏡が広く知られるようになったのは1945年以降で、1894年に見つかった富岡市の北山茶臼山古墳の宮内庁所蔵の鏡の方が先に知られていました。1909年に高崎市の柴崎蟹沢古墳の東京国立博物館所蔵の鏡、1913年に太田市の頼母子塚古墳の鏡が見つかりました。三本木古墳の鏡は散逸してしまいましたが、1枚は福岡県の小倉高校に保管されています。1930年代に神奈川県の真土大塚山古墳と川崎市の加瀬白山古墳から見つかりました。

　戦後は、1963年に千葉県の城山1号墳で、1968年に前橋天神山古墳から2枚、1969年に玉村町の川井稲荷山古墳から出土しました。1973年には私が最初に発掘に参加した木更津市の手古塚古墳から三角縁神獣鏡が出土し、1997年に民家の祠の中から大場天神山古墳の鏡が見つかりました。そして、今回の高坂から出た三角縁神獣鏡です。関東で三角縁神獣鏡が見つかるのは、これほど珍しいことなわけです。その分布が第18図で、群馬県に少し集中していますが、全体として散漫な分布でありながら、何となく意味がありそうな分布状況です。ここで菅谷先生にも、三角縁神獣鏡についての分布について少し説明していただければと思います。

菅谷　関西の？

車崎　どちらでもいいですが。

菅谷　関東は実は前方後円墳が県単位で言いまして、一番多いのは千葉県です。下総・上総の国が一番多いんですね。大和よりも河内よりも多い。規模からいうと河内とか吉備、岡山が大きいんですけど、そういうので非常に意味が大きいだろうと思います。それから7世紀の初め頃の終末期古墳なんですが、第二次世界大戦直後に早稲田大学と千葉県が合同で調査した木更津の金鈴塚古墳、あれの石材は秩父の石を持ってきてるんですね。だから我々は、地図見ると群馬は群馬で独立してる、相模湾は相模湾、太平洋は太平洋というように思うんですけど、実はいろんな要素を含めてみると、いっぱい違う要素があるんですね。三角縁神獣鏡だけでいくとこうなる。先ほどの基調講演での話のなかで出てきた玉作とかコンテナの土器とか、そういうのいっぱい組み合わせるとどうなるかいうのが、今日本の考古学ではですね、まだそ

三角縁神獣鏡と3〜4世紀の東松山

こまで総合化できてない、というようなことで逃げさせていただきます。

車崎 ありがとうございます。上野先生はどうですか。コメントいただければ。

上野 三角縁のお話を今されてて、分布のあり方というのをお示しになって

るんですが、菅谷先生のお話では、桜井茶臼山で100面近い鏡があったと。そのなかにはかなりの数の三角縁が含まれているわけですね。その他にも30数面の黒塚というものがあったりするわけです。きわめて大量の三角縁が畿内の場合は集積をするという現象がございます。

あとはですね、その畿内からの距離に対応してかなり急激な落差をもってるんですが、数を減じていくということがあるわけです。数の点でいきますと、東北に行けば数が少ないと。あと近畿からの距離にしたがって数が少なくなるのではなくて、今車崎先生がご指摘されたような、なんらかの意図を反映した拠点的な入り方をしているんではないかと。あとやはり注目すべきは群馬の集積の度合いですね。関東でも群を抜いて群馬に三角縁が多いと。これをどう捉えるのかというのが、注目すべき点かなというふうに思います。

車崎 北條先生、どうですか。

北條 1989年のことですが、兵庫県権現山51号墳の発掘調査のさいに5枚の三角縁神獣鏡を掘る機会に恵まれました。さらにこの年の秋には滋賀県雪野山古墳でも4枚の三角縁神獣鏡と大型倭鏡を実際に掘ることができました。ただ鏡の研究はハードルが高いので脇から攻めようと考え、腕輪形石製品を学びはじめていた頃でした。そのようなときに権現山51号墳ではゴホウラ貝輪と対面しましたし、雪野山古墳でも最古型式の鍬形石を掘ることができました。その結果いつの間にか石製品オタクになっていた、という状況です。

車崎 北條先生は近藤義郎先生の教え子の一人で、権現山51号墳は前方後方墳で、長大な竪穴式石室で、都月型埴輪があり、三角縁神獣鏡が出土するという古墳の出現期の要素が揃って見つかった最初の例で、北條先生はまさ

にその記念的な現場に立ち会われていたわけです。

　三角縁神獣鏡はどんなあり方をしているのかを少し見てきましたが、ここで倭王権からみた三角縁神獣鏡について私なりの解釈を説明しますと、第19図は三角縁神獣鏡が中国鏡とすれば、中国の皇帝から倭王に下賜され、さらに倭王から各地のクニヌシと表現しましたが地域首長へという流れを考えています。三角縁神獣鏡が日本製の鏡ならば第20図、倭王とクニヌシの関係は同じでよろしいでしょうかね、菅谷先生。

菅谷　私自身は、あんまりよろしくないと（笑）。なぜかと申しますと倭王がそれを一括して作ったという証拠はどこにもありません。先ほどから言われてる大和天神山古墳に三角縁神獣鏡1個も入ってないわけですね。天神山は黒塚よりちょっと新しいと思います。それに1個も入ってない。ということはその時分には三角縁神獣鏡は誰が作ってたのかという論理上の問題点が生じますね。私はだから、倭王が作ってたということに疑問を抱いておりますので、ちょっとこういう図式は認めがたいと言いたいと思います。

車崎　配布ルートとか供給ルートとか三角縁神獣鏡の分布が生まれる経緯は複数でもよろしいというようなお考えですか。

菅谷　私は自分の若い時から、同笵鏡なら同笵の版を持って歩く人がおってですね、近畿地方をウロウロたくさんしてると。関東に来る人は非常に少ない。さらに東北は少ない。そういうような人がいてですね、クニヌシのオーダーに応じてその場その場で作ってる。だから10人ほどの職人集団がですね、歩いてたんやと、私はそれを拡大したいと思ってるんです。

車崎　わかりました。ヨーロッパの青銅器時代などに巡回工人という生産形態があって、技術者が各地を回って製品を作っていく。そんなイメージを菅谷先生がおもちだということは初めて私も理解しました。そのあたり、上野先生どうですかね。

上野　大先生二人が話をして非常に話がしにくいんですが、今ですね、車崎先生がお示しになられた図があったかと思います。中国の世界のなかで鏡がどのような意味をもったのか、そして日本列島のなかでどのような意味をもったのかということで、私は二つお話をしたわけですが、中国世界におい

三角縁神獣鏡と3〜4世紀の東松山

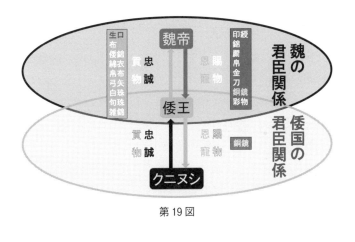

第19図

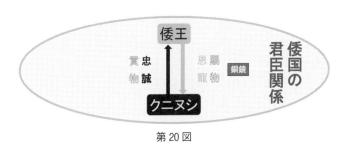

第20図

ても曹操の金銀象嵌鉄鏡の話を出しました。やはり政治的な意味合いをもって受け渡しをされる物のなかに鏡があるわけですね。中国鏡という立場に立てば、こちらにある国際の枠組みでの連携の証拠として、三角縁なり中国鏡はあってもよいだろうと。日本列島のなかでの中国鏡三角縁神獣鏡ですね。これも先ほどの菅谷先生のお話であれば、倭王が一括をして配ったのかどうかというところが、一つは論点になるかと思いますが、それを認める立場に立てば、こちらに書いてある君臣関係ということになると思います。

第Ⅱ部　討論の記録

　私は車崎先生と割と近い立場でものを考えておりますので、少しなぜそう考えるかといったところを補足だけをいたしておきます。実はこの前の段階ですね、北條先生とか坂本先生も少しお話になりましたが、弥生の後期や終わりぐらいから、西の方でいいものと思われてるものがどんどん東の方に流れてまいります。その一つが青銅製の腕輪や鉄剣ですね。北から南からと関東を目指して流れてくるわけです。それは何かというと、九州や近畿の方である程度価値をもったもの、朝鮮半島や中国からやってきたものということで、価値の認識をするわけですが、その広がりが東の世界にも広がっているんだ。この流れのなかで実は鏡の破片なんかも入ってきたりするわけですね。愛知あたりには、そういう流れのなかで西の方から来てるものその価値というものを共有する世界ができあがっていく。そのうえに被さる形で、鏡とは意味があるものだ、価値であるものだというのが、古墳時代に利用されてものが配られていくんだろうと。そう考えれば、鏡を意図的に選択をして配ったということも、あながち絵空事ではないだろうと思うわけですね。

　あともう一つは、他の論点とも関わりますが、どういうところから三角縁が出るかというとですね。群馬、それから先ほどですね、香取の海の近くで三角縁が出てるというようなお話がありました。弥生の集落とは連続をしない。新たにフロンティア開発という形でコロニーみたいなものを作っていくわけです。人が入ってきて新しい世界を作る。そういうところに三角縁が重なっていくわけですね。そのあたりを意図的にこう開発をしている開発区にですね、王権が登用するような形で三角縁を配ったというふうな理解も成り立つんではないだろうかと思います。

車崎　ありがとうございました。鏡は考古学的な出土品ですが、魏志倭人伝の記録では、卑弥呼に下賜されたのは織物が圧倒的に多く、第19図に書いた品目の錦、罽、帛が繊維製品で、景初3年の朝貢だけで長さ1.4km分も貰っています。だから、織物が鏡よりもたくさん各地に配られたに違いないわけですが、それは考古学的な証拠として残らないので、織物だけ貰っている、そういう地域もあったのかもしれません。

　いただいた質問に、サンカクブチ、サンカクエン、どう違うのかという質

問がありますが、菅谷先生はサンカクエン、私や上野先生はサンカクブチ、漢字で書けば同じで、全て音読みすればサンカクエン、ただ縁が平らなものはヒラブチというので、それに揃えてサンカクブチと発音する習慣があったわけで、どちらにも理屈があります。

　坂本先生、地元からの視点でちょっとコメントをいただけませんか。

坂本　三角縁の問題で少し話させていただくとですね、よくですね、大和、奈良には数が少なかったと言われて、近畿中心に分布しているっていうことがいわれるわけですが、そのなかで愛知は近畿から近いのにもかかわらず意外と少なくて、かえって群馬の方が多いという、通常の分布論というのは同心円上に中心部から多いんだけど、それが群馬の方が多いという。そのへんのことがちょっと私は気になっておりましてですね、同じ愛知と群馬というのはちょうど古墳が成立する前夜、前方後方型の墳墓やS字状口縁台付甕が非常によく似ていながら、三角縁のあり方でいうとむしろ違うそこに対照性があるということで、配布の側がかえって群馬を優遇するというか一つの連帯的なものを分断するような形で配布する。そういうことも考えてみる必要があるんじゃないかなと私は思っております。そういうなかでですね、S字状口縁の多い群馬、それよりはややその東海、西部との支援関係が、むしろ東部との支援関係が深いかもわかりませんが、そういう地域を分断するようなあり方もみておく必要があろうかと。だから愛知よりも岐阜の方が多い感じなんですが、そのへんが最近の細かい数に関してちょっと、特に正始元年とか古いグループに関してはそういう傾向があるっていうふうに私は理解したんですが、そのへんはどうなんでしょうか。

車崎　とても難しいですけど、三角縁神獣鏡の約60％は近畿地方に集中しています。それより東の分布を第21図で見ていただくと、一つ目立つのは濃尾平野の山沿いですね。山際にたくさん分布していて、もう一つ静岡県の磐田市周辺にも集中して、さらに東で集中するのは群馬県、これも関東平野を

第Ⅱ部　討論の記録

第 21 図

広くみれば山際の地域になるわけで、そこに分布が多いようにみえます。この分布図を作っていて、濃尾平野から群馬への山の道では三角縁神獣鏡がほとんど出土していない、驚くような分布状況です。分布の説明はこんなところでよろしいでしょうか。

　なお、時期的には黒丸が古い鏡で、白丸が新しい鏡で、新しい三角縁神獣鏡が少ないのも関東の特徴の一つになります。北條先生何かあれば。
北條　この分布の方？あるいはさっきの話で。
車崎　さきほどの話とルートの話を重ねていただいて。
北條　わかりました。菅谷先生の理解の仕方はよくわかります。作り手の側からみた場合の一案だと思います。ただ私自身は車崎さんと菅谷さんの間ぐらいかなと。三角縁神獣鏡の分布の広がりですけれども、菅谷先生がおっしゃるように、各地の首長が自前で鏡を注文生産したとすれば畿内王権の威光など高まらなかったはずですよね。そもそも「魏志倭人伝」には魏に朝貢した卑弥呼に膨大な土産物が与えられたとあります。その意味とはなんでしょうか。

　組織の上司が部下に奢りまくる。そうすると部下の方は負債感を抱く。さ

らに部下の方がもっと奢って下さい！　となると、もうしめたものです。上司は身銭を切る一方なので困窮しますが、それで支配と被支配の関係は安定するのですから御の字です。

　政治的なレベルでも同じことで、王権の側は各地の首長にプレゼントを与え続けなければならない宿命を負っていたのです。だけど相手が負債感を抱き続けてくれるとは限らない。だから余計にプレゼントを重ねなければならない。三角縁神獣鏡の配布の構図とはこのようなものだったと思います。

　それからルートですけれども、先ほどご指摘の点は非常に重要だと思います。群馬でも山際に集中する傾向があります。そこでの土器は伊勢湾型の方のＳ字状口縁甕というブランド品の甕と密接な関係があるようですね。本日私がお話しましたような東海東部の土器が非常に顕著になるのはもうちょっと太平洋側に寄ったところです。大廓型壺の分布とも重ならない部分があって鏡のルートは単純ではないようです。

　なお岐阜方面からの東山道ルート沿いにＳ字状口縁甕の分布を調べていきますと、神坂峠という、中央道の恵那山トンネルの上を越えた峠からもＳ字状口縁甕が出ていることに驚かされました。

　もう一つは信濃川、千曲川水系を遡上するルートです。ただし日本海ルートも山越えルートも可能性はあるけれども断定は難しいですね。そうなると荒川水系と利根川水系を再評価することができないか。その可能性がむしろ高いのかな、とも思うところです。

車崎　ありがとうございます。1枚の図を見ても、いろんな説が出てくるわけですが、菅谷先生のご意見を。

菅谷　日本の考古学でですね、学史的にいうと王権が何かを、国主、地方にプレゼントしたというのは小林行雄先生の三角縁神獣鏡論があってそれがベースで、それに帯金式の甲冑とか刀とかみんな乗っけまして、小林先生の原理、原則には齟齬をきたしていると思うんですけど、その上に乗っかってるものが今どんどんどんどん増えてまして、だから小林先生の批判は誰もしないと。

　それから三角縁神獣鏡に関してはですね、作り手の方は先ほど王権が作り

第Ⅱ部　討論の記録

手の側からみたらそういう議論があって、菅谷のように各地からみたら全く反対になると、北條先生がそこまで言うて大変ありがたかったんですけど、違います。なぜかと言いますとこれについては車崎先生とこの前の打合せ会で二人で話したことがあるんですけど、例えば椿井大塚山古墳という 30 数面出た古墳はですね、形式分類でいくと一番古いのもあるし真ん中よりまだ新しいのも。一方黒塚は割合古い一段階二段階ぐらいでまとまってる。大阪平野のへんなってくると四段階ぐらいまでもっていけると。これは何でだか。だから私はドーナツの型を持ってる人がですね、グループが違ってそれでやったと。車崎先生はおじいさんが貰ろたやつ、お父さんが貰ろたやつ、いとこが貰ろたやつをまあ最後の当主が墓に入れたんだと、このへんがちょっと違うんで、これはなんともお互い言えない部分なんですけど、そういうものがある。

　それからもう一つは山沿い、山沿いと皆さん言われて、大和や大阪は平野にあるのかというと平野に一切ございません。大和も全部山際にあります。大阪も全部山際。それから特に六甲山系はもう全部山側の猫の額の半分ぐらい、ネズミの額ぐらいの小盆地に１個ずつありますので、これは非常にポピュラー、反日本的な図面で、それからもう一つ関東の台地はですね、いわゆる関東平野という台地はですね、最近まで樹林帯が残ってたように、水田化するのは部分部分なんですね。溺れ谷の一部。濃尾平野の場合はですね、名古屋市内なんかほとんど、白山古墳いうのがあるんですけど、それもうんと北の方、北西の方なんで、ですから三川合流の日本ではね、こういう地図見ると平野は全部米作ってるかと思いがちだが、古墳時代の前期はこんなに米作ってない。ほとんどのところは米作ってなかったと思うんですよね。米は願望してたかもわからないんですが先ほどコンテナで運んで来たという話で、ですから、そういうの差し引くとね、やっぱり関東は関東としての独自性がある。関西は関西としての独自性や姿がある。そういうのからいくとまだ作り手側だけではなく、受け入れ手側からの論理ももうちょっと磨いていかないといかんのかなと思っております。

車崎　ありがとうございました。もっと受け手側の論理を磨けというご意見

でありまして、今日は北條先生と坂本先生が、津とか市とかいう用語を使いながら、地域の拠点が生まれてくる姿を説明されたわけですが、そういう形を北條先生からでいいでしょうかね。大廓式の図（51頁第4図）を示していただきながら、もう少し説明していただけるとありがたいんですが。

北條　もし各地の首長が自前で受注生産を依頼していたとすれば、たとえば関東にしかみられない三角縁神獣鏡の出方とか特色とかがあって当然だと思うのですが、そうはなっていない。まるで判で押したかのように前方後方墳や前方後円墳の副葬品になり、なおかつどこに配置するかも決まっている。となると、お仕着せのものを受け入れたと理解したほうが自然です。

さらにこのエリアからみつかる三角縁神獣鏡は比較的古い型式に偏るのに、古墳の年代は新しいものですから、その状況も菅谷先生のおっしゃる遍歴的な工人集団の出張生産説には当てはめにくい。ただ趣旨はよく理解できますし、私自身も小林行雄先生の批判を展開しています。たとえば腕輪石製品の分布をみますと倭王権からの配布を想定するのは難しく、とくに石釧などは個別受注生産の可能性が高いなと思っているものですから「菅谷先生と一緒だな」と感じる部分があります。

この受け取り側のところの話ですけど、大廓型壺の分布は非常に広いいっぽう、三角縁神獣鏡が最初に集中する群馬の内陸部よりは、むしろ東京湾の沿岸、それから荒川流域に集中しています。そして大廓型壺の本拠地は伊豆半島の付け根ですよね。ここは注目すべき地帯です。とはいえ車崎さんがおっしゃった通り、遠江に比べると稀薄ですね。その要因としては大廓型壺の関東への広まりは三角縁神獣鏡よりも少し早く始まったからなのかもしれません。弥生時代の終末期、庄内期の段階に画期があるように思うのです。

なお大廓壺の動いた先にはすでに一定の政治的勢力があって、そこへ運ばれていったというような図式は考えがたいのです。

たとえばジャスコの大型店舗が未開の原野にバンバンつくられるという図式に近いですね。そうなると地元の商店街は瓦解するかもしれませんが、瓦解はジャスコが妨害したから起こるのではなくて、ジャスコの方に客が集中するからですね。客は地元の方々なので、地元側でそれまで培われてきた秩

第Ⅱ部　討論の記録

序は地元の方々の選択の結果として瓦解してゆく。それは戦争ではなくて、客が大型ジャスコ店側に惹きつけられるという商戦ですよね。

　大廓型壺が持ちこまれた市っていうのは、ちょうどジャスコのようなイメージです。それが前方後方墳の時代の幕開けではないかと考えています。

車崎　武力よりも経済力ですね（笑）。なかなか面白い意見ですが、市が大事というのは、卑弥呼の景初３年のミッション、魏へ渡った使者のナンバー２は「都市の牛利」と記録されていて、都市というのは市場を統轄する役人という意味ですから、市場の管理人の牛利が国家的外交ミッションのナンバー２になってるわけです。市場の管理者の地位がかなり高かった文献的な証拠だろうと思います。北條先生と同じような視点でお話された坂本先生からもご意見があれば。

坂本　私はですね、大廓の壺の中に米を入れて運んだかどうかってことですね、米も十分貨幣にはなるだろうけど、各地で作られたた玉類っていうものももう少し貨幣としてみていく必要があるだろうと。これは丹後の方の研究者が話されてることなんですが、丹後で弥生末前後に水晶の玉が大分作られるわけです。そういうものを朝鮮半島へ持って行って鉄と交換してくるんだろうっていうことを言ってるんです。それと同じようにですね、東日本における玉を作るところ、そういうところが交易的な拠点になるのは、貨幣に代替するようなものとしてた玉類というものもみてみる必要があるんだろう。従来見えないものをあんまり議論しなかったんですけど、もう少し物流の中で、米を含めていいと思いますが、そういう経済として首長間の交易というものをみていく必要があると思うんです。それは東に行けば行ったで、一方ではそういう交易論でいうと大和中心ではなくて東北の方でも縁辺部が、逆に他とのネットワークの中核になるんで、毛皮などとなると最近東北の古い遺跡の中に、北方の擦文との交流、そういうところにいろんな黒曜石なんかを蝦夷に持って行っているんじゃないかってことがいわれている。そういうのを含めて大和中心の中で私はみるんですが、やっぱり縁辺部のなかではそういったものもみとく必要があると思っています。

車崎　古墳時代には物流ネットワークがかなり整備されていたというイメー

ジは、若い世代の研究者が強く発言されている分野だろうと思います。たぶん経済人類学あるいは文化人類学で培われた理論が考古学に応用されてくるなかで、新しい視点として注目されてきているわけですが、先ほど北條先生が言われましたけど、首長の資質として大事なのは、たくさん集めて、たくさん配る。これが首長の要件だというのも文化人類学の理論に裏打ちされている議論になるわけです。そろそろ菅谷先生も意見があると思いますので、北條先生や坂本先生への反論を含めて。

菅谷 大廓式土器というのは私は思い出がありまして、奈良県の纒向遺跡という日本の古代国家発祥の場所、そこの土器の整理をしてる時、整理の中心は石野博信さんという人だったんですけど、石野さんと一緒にですね、纒向で出た土器のカケラを日本中持って歩いてまして、大廓式誰も知らなかった。西の方から、愛知県へ行きそして静岡県へ行くとこれはうちの土器によく似てる。けったいな部厚い土器を静岡に持って行って見てもらったら、大廓式だと言われた。あんまり大きい壺ではなかったと思います。だから大廓式は東ばかり行くんやなしに、まず西に、それも奈良県まで来てたということを。その結果ですね、纒向式土器というものが日本中の土器を同時期で括っていく、時計の役をそのまま正確なグリニッジに近い土器群だということがわかって、今前期古墳のこういう細かい話が出来るようになった。それからもう一つ米を種籾ならいいと思うんですけど、米を持って歩くためのコンテナというのは、私はもう一つどうかと思うんですね。というのは、先ほど一つが100リットル言いましたよね。だとすると二つで200リットル、180リットルで大体人1人が食べる量なんですね。1年間に、一般に。まあ1石と言いますから。だからそうすると当時は半分しか食べなかったとしても、あの壺で1人分。するとそれを何10回、何100回運んでこないかんので、種籾なら僕はいいと思うんですけど、食糧前ならちょっと量が少ないと思います。というのが感想でした。

車崎 ありがとうございます。また魏志倭人伝を引くと、対馬と壱岐の説明に「南北に市籴(してき)」とあって、市は市場での交易のこと、籴は穀物を意味する言葉で、穀物を貨幣のように使って交易をするというふうにも読めるわけで、

第Ⅱ部　討論の記録

北條先生の話を聞きながらそんなことをちょっと思い出していました。上野先生、どうですか。

上野　はい。なにかしゃべることがいっぱいありそうな感じはするんですが（笑）、今お話をしてこられたことと関連して、一つはですね、古代史を考えたり古墳というのを考えた時にですね、平たい言い方をすれば、どうしてもその王権とか権力というものを考える。小林先生の話を皆さん批判的に出してますので、その流れに連なるものとしては、ここいらで強く主張しておかないと割りが合わなくなるんですけども。そのことは置きまして、やっぱり支配とか権力という言い方をした時に、一方的なものを感じてしまうわけですね。日本書紀であるとか古事記であるというような古典を引きながら、古墳時代を解釈するということ、やはりより近い時代の文献ということで参考にしている。その時にやっぱり意識としてですね、古代国家的なものをみてしまう。あるいは我々も古墳時代とはどういう時代かっていうのをみた時に、少し批判じみて恐縮なんですが、車崎先生が作られたパネルで先ほど中国と倭、それから倭国の中の君臣関係という言葉が出てるんですが、おそらく支配、君臣ということではないと思います。北條先生も、同じお考えをしておられると思いますが、なぜ王権の側、いわゆるこの時代の日本列島をリードした集団がですね、地域社会にちょっかいを出したかっていうと、これは連携だと思うんですね。私は連携という言葉を使ったんですが、一方的な従属を求める君臣ではなくて、あくまでも連携をしていく。そこには経済的な見返りなんかを想定しながら、経済拠点を置きながら押さえていくということをしていると思うんですね。そのあたりで皆さんおっしゃられた地域社会の視点ということと、あと王権をどうみるかといった視点も、一方的なのではなくて、王権の側も下心があるし、地域社会の方もジャスコが来てくれるなら嬉しいよというようなですね、下心もおそらくあったはずだろうと。その関係の結び直しこそが実は古墳時代の社会関係であったと。これは昨今の研究の方では、皆さん議論されてることだと思うんで、そこだけを少し補足させて下さい。

車崎　批判されましたが（笑）、第20図は新しい時代の君臣関係のイメージ

ではなくて、かつて吉村武彦先生が示されたような相互承認関係としての君臣で、決して平等ではないけれども、相互に承認を必要とするような君臣関係のつもりで使っています。忠誠と恩寵というのが平等ではない相互承認で、その関係の確認は、互いに物のやりとりを何度も何度も繰り返すなかで、関係が強まったり薄まったりするだろうと考えていますが、もっと言葉は厳密に使わないといけないと勉強いたしました。

　せっかく東松山でディスカッションをしておりますので、できれば東松山にパースペクティブの起点を置いた形で、最後にコメントをいただければありがたいと思うんですが、北條先生の富士山信仰と絡めた高坂8号墳のお話とか、坂本先生の五領遺跡や反町遺跡を起点としたご説明など、すごく興味深くうかがったわけですが、坂本先生や北條先生には後でお話しいただくとして、上野先生からも少しお話しいただければと思います。

上野　東松山から考えるということでよろしいでしょうか。先ほどの話の繋がりとも関係をしてくるんですけれども、歴史を考えた時にいろんな可能性があって、最終的には結果として一つに落ち着くんだということになるわけですが、同時代的にはおそらくいろんな意図や下心なんか錯綜するなかで、様々な関係が結ばれていただろうと。その時に三角縁の入り方は、この時代の日本列島をリードする集団が配布をしたという前提に立てばですが、その意図が表われていると。受け取った側がその格付けとか評価を是として受け取ったかどうかは別問題になるんですよね。ですので一方的な歴史観だとか、あるいは王権史とか国家史的な流れで歴史をみるだけでは不十分であろうと。その時に地域社会の側がどのような関係下において、どういう人達がどういう受け取り方をしているのか、あるいはどういう関係をもっているのかというのをみていく必要があるんではないだろうかと。北條先生や坂本先生なんかもその経済的な側面だとか交易というところでこの関東、あるいは東松山、高坂地域なんかをご覧になっていったわけですけれども、鏡を通してみえる様相と土器、日常の交易を通してみえる様相なんかとを重ねて見ていく必要なんかがあるんではないだろうかと思います。

　端折った申し上げ方をしますと、三角縁神獣鏡があってそして菅谷先生が

お褒めになってた倭鏡が続きます。倭鏡のなかにもですね、いくつかの段階というのが実は存在しております。そのなかで菅谷先生がご紹介をされたような大きな鏡が第一に出てくるんですが、この比企地域周辺にないんですね。少し間をあけて三変稲荷神社、川越の方でしょうか、周辺でですね、少し時期が遅れる頃になるとポロポロと出てくる。そしてその一端が高坂8号墳の佐藤さんがご発掘になった捩文鏡ということになってくるわけです。王権の側の働きかけというのもずっとお互い握手をし続けましょうということでもなかったわけですね。古墳時代の始まりに三角縁を配る時には、群馬に次ぐ関東の拠点としてこの地域を注目をされたわけですね。ところがそれはずっとは続かない。逆に言うと群馬の場合は続く可能性もあったわけですね。それが断続的についたり離れたりついたり離れたりと、そういうような流れのなかで地域と王権との関係がみえてくるということになるんではないかなと思います。

車崎 ありがとうございました。埼玉県で出土した鏡はたった42枚ですが、そのなかで比企地域、東松山周辺は比較的集中している地域であって、埼玉県弥生・古墳時代出土鏡集成（付録1参照）を見ても比較的多く出土していることがわかると思います。三角縁神獣鏡の後、倭鏡の段階があって、4世紀の倭鏡の段階には菅谷先生がお話されたような大きな鏡だったり、かなり出来の良い鏡が作られていて、むしろ5世紀や6世紀になると雑になるというか手抜きをするようになるわけです。埼玉県には、そういう5世紀や6世紀の雑な倭鏡が多いし、4世紀の倭鏡は小さな鏡がほとんどで、数も少ないと思いますが、そういう地元の情報を良く知っている佐藤さん、そろそろ発言をしてもらえませんか（笑）。

佐藤 凄い先生のなかに入って特等席で話を聞いてるだけで、私は掘ってばっかりいて全然勉強していないので何にも言えないんですけれども、大廓式土器って今まであんまりよく知らなかったものですから、大廓式土器が出たあとに、作業員さん達にこれ凄い土器だよと言ったら、作業員さん達が注意深く土器洗いをしているなかに、結構大廓式の破片が出てることがわかりました。高坂二番町遺跡、三番町遺跡に多いんですけども、それは高坂8号

墳のすぐ西側ですね。西から北にかけてなんですけども、そのあたりで破片がパラパラと出ていることが最近わかってきました。今古墳時代前期の話になっているので、弥生時代の終わりっていうのはどうなんだろう、東松山では吉ヶ谷式土器という土器を使っていたのがたぶん最後だろうと思うんですけども、その土器から新しい土器に繋がる系譜っていうのはどんなのかなって。高坂三番町遺跡、高坂8号墳のすぐ西側で発掘調査をした時に、吉ヶ谷式の住居跡を80軒近く1年間で掘ったことがあるんですけども、その住居がほとんど全て焼失家屋だったっていうことが何か関係しているのかなっていうのが最近思っているところです。

車崎 ありがとうございました。この地域の弥生時代の最後には、吉ヶ谷式土器という目の粗い縄文を転がした個性的な土器が作られていた。そこに新しく、近畿地方や東海地方から新しいテクニックで作られた新しいデザインの土器が流入してくるわけですね。坂本先生がお話になられた反町遺跡や五領遺跡は、そういう土器がまさに集中して出てくる関東でも珍しい遺跡になるわけで、その点も踏まえて坂本先生の方から。

坂本 まず私自身もわからないのは、五領遺跡には吉ヶ谷系の土器がほんとにないのかどうなのか、私にはちょっとわからないんです。つまり土師式土器集成の時に得体の知れない土器は載せない可能性もあるだろうと。そういった問題をまずみておかなくてはいけない。児玉の方ですと和泉式土器に近い段階まで、縄は転がさないけれど輪積痕を残す吉ヶ谷系の土器はあるわけなんです。反町遺跡でもどうもそういう土器が残っているようだ。ただ反町遺跡の場合は、新しくそれはどこまで上げるかはともかく、柱状高坏のいわゆる布留式の高坏があるようですが、五領遺跡の資料のなかにはそういったものがない。そのなかに基本的にはある程度時期的に平行関係にありながら、村のなかで土器組成の違う村が実際にあるんだろうと。だからもっと田舎村へ行くと吉ヶ谷式が非常に残って、その中に点々と東海系の土器が入ってきたりする。そういうことがあるんだと思うんです。古い特徴だけで編年するのでなくて、やっぱり集落遺跡を数多く掘ったら、住居の切り合いとか向きの同時性とかそういうもので1遺跡ごとにまずは編年したうえで、それ

をクロスチェックするようにしていかないと、より細かいことが今後わからないと私自身は思ってるんです。ただ私は直接遺跡を発掘することがないんで、なかなかそういう細かいことはわかりませんが、そんなことを一つ感じています。

それから、遺跡の動態としてはどうも野本の将軍塚が見下ろせる範囲には、中期のいわゆる和泉式土器が出土する遺跡の数が報告された資料なんかでは少ないようで、むしろ先ほど話しましたようにですね、雷電山古墳の方へ行くと、数は限られてるんですが、和泉期の遺跡等もそれなりにある。そういうふうに比企地方でも細かくみて行くとどうも集落の動態は違うんじゃないか。一つは都幾川周辺というのは意外とグライ土壌っていうか、湿田の強い土壌なんで前期的な水田耕作は行うけど生産性が低いので、中期的な鉄製農具が普及してくると違う場所に拠点を移すのでないか。今回は、古墳の話はあまり細かくしなかったんですが、比企ではですね、中期の古墳が非常に少ないんですよね。児玉なんかですと5世紀代に入る大型円墳が非常に多くある。そして和泉期から鬼高期の集落が多い。比企の場合は鬼高の古い方から出てくるような感じで私は捉えてるんです。そういう意味で畿内の動向との関わりもあるんですけど、在地においても集落の動向がちょっと変わってくるんかなということを、限られた資料からは考えている次第です。

車崎 ありがとうございました。比企地域というのは前方後方型周溝墓という墳丘が低い前方後方形の墳墓が関東のなかでも比較的集中する地域ですよね。そのあたりはどうですかね。

坂本 そういう形でその前方後方型の墳形が数多く林立したのが統合される形で、諏訪山古墳や野本将軍塚古墳が出てくる。そのあと比企のなかでも大古墳が雷電山の方に移ってしまう。まあそんな感じであとは先ほどの吉ヶ谷の話でいうと、ことによると雷電山のおかしな突帯というのはそういう吉ヶ谷の口縁部と何か関係あるかもしれないということもみておかなきゃいけない。だから全く断絶じゃないんだけど勢力が、あるいは耕作地が移動するとかそういうことを含めて考える必要があると思ってます。

車崎 ありがとうございました。坂本先生が監修された埼玉県内墳墓編年図

(付録3参照）を見ますと、3世紀から4世紀の古墳時代前期の古墳は方形の古墳がほとんどで、埋葬施設を設ける中核部分が円形のものっていうのはきわめて少ない。最後に前方後円墳が括弧付きだったりして出てくるというような図式が示されているわけであります。大和であれば前方後円墳を作っていた3世紀の後半代には、まだ前方後円墳は作らずに前方後方墳や方墳、方丘墓の伝統をもつお墓が作られた。100年以上経ってようやく円丘形のお墓が出てくるという図式があって、円丘形のものが出てくると同時に大きな古墳が出てくるという現象を、図から読み取ることができると思うんですけど、そのへんを補足していただければ。

坂本 細かいところは多少凹凸があると思うんですが、諏訪山古墳という古墳がですね、どこに位置づけられるか。野本の将軍塚も細かいところはわからないんですが、現状で見る限りは前方後方よりは新しいんではないかという理解をしています。前方後円っていうか雷電山古墳は帆立貝形なんです。その後比企では短甲を出している諏訪山33号墳、埴輪をもつ古墳までのブランクがあるように見受けられる。そういう古墳の築造動向とですね、集落動向はどうも分離することはできないんじゃないか。だからそれと対照的なのが児玉の地域だと。児玉は前方後円はないけれど、墓作りも村も連続性がある。そのへんが村のあり方でも違っていて、その連続性の中で長坂聖天塚のような大きな鏡を出す古墳も出てくる。そんなふうに地域の集落形成の動向ももう少し細かくみてかなくてはいけないんです。しかし遺跡全部をみるっていうのは最近報告書が多すぎて私には出来ないのが現実です。そんな感じの理解を私個人としてはしております。

車崎 ありがとうございます。北條先生も前方後方墳には一家言を持っておられるので（笑）。

北條 私がここ2年間、東松山市にお世話になりながら考えたことですが、高坂三番町遺跡とか二番町遺跡では大量に大廓式土器の破片が出てくるわけですから、菅谷先生がおっしゃるより多くのコンテナが集積された可能性を考えるべきだと思います。

　ただ先生が種籾だとおっしゃる意味もよくわかります。と申しますのは、

第Ⅱ部　討論の記録

その大廓式土器が関東の内陸に広がった後をみますと、そこを起爆剤にして関東の平野部でも水田の広域開発がどんどん始まります。遺跡そのものの数も増えますね。その意味では種籾も当然含まれていただろうということです。高坂三番町遺跡は、その新しい時代のまさに幕開けを告げる遺跡であることに変わりありません。

　その高坂三番町遺跡を挟んで両側に高坂8号墳と諏訪山古墳群がありますが、それがいずれも前方後方墳で、静岡に原型があるものが全く同じように再現されている状況だと捉えられる。大廓型壺と前方後方墳をセットで捉えることのできる遺跡だという意味でも、この地域は重要なのです（第22図）。さらに野本将軍塚古墳の近隣に反町遺跡があり、北側に五領遺跡があるのですね。南北に直列する形で対峙していて印象的です。坂本先生のご報告にありました通り、今度は近畿地方の出張営業所までができあがってくる。ジャスコが地ならしを終えた後のタダ乗り的ありようです。

　そして野本将軍塚古墳は南北に軸線をもっています。天の北極を祭る北辰

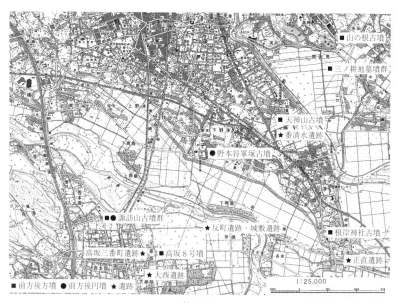

第22図

信仰の様相です。静岡では高尾山古墳をつくるさいに初めて出てくる様相なのですが、野本将軍塚古墳はその再現だといえるのです。ただしこちらは前方後円墳です。葺き石があるかどうかわからないのですが、先ほど言いました高尾山古墳の設計をそのまま円に置き換えたら、そうなる、ということが最近わかってまいりました。

　さらに野本将軍塚古墳から以後の展開ですが、古墳の規模が大きくなります。となると、今度は古墳づくりそのものが一大事業になるわけです。人々を各地から誘ってきて、きわめて大きな古墳をつくるわけですから、それ自体が大ポトラッチです。そして水田開発との関係も重要です。野本将軍塚古墳の周辺は低地ですから、この古墳をつくる際に水田開発が伴った可能性を考えたいところです。そしてそうなったときには、もはや大廓式の壺は必要なくなるわけです。稲籾が完全に自作されるからです。

車崎　若い論客に対して菅谷先生。

菅谷　今日のための打合せ会が事前に2度ありまして、2度目に来た時ここの収蔵庫見していただいて、その時私は大廓式のコンテナ説に大いに疑問を唱えました。海上輸送した時船べりに壺を持ってくるのに、沼津から来るとしても三浦半島をずっと、伊豆半島を行くわけですね。そうすると1日で来る時もあるかもわからないし、江戸時代の帆船としてその間で必ず壺の表面にはフジツボとか貝殻がいっぱい付くはずだと。ここの土器を見してもらったんですがいっぺんもそういうものが無かったんですよね。だからそれは佐藤さんにも言うたと思うんですけど、今度土器を洗う時にですね、貝殻痕跡、その1、2mmのもんなんですが、そういうものが付いてるかどうかもよく調べないと、海上輸送コンテナというのは言えないということを申したんです。いずれ貝殻痕跡が付いたものがたくさん出土してくると期待しておるんです。

　前方後方墳という話が盛んに出てるんですけど、また富士山との関係、山を向いてるとしても、例えば冬死んだ人をこっち向ける。富士山が見えないですから、夏になるとこっち向けて、そういういろんなバラエティを考えた方が。富士山と大廓と高坂8号墳というように、三大話にするとですね、どっかで齟齬をきたしてくる。特に前方後方墳というのは、日本の考古学で一番

第Ⅱ部　討論の記録

まあ重視されたのは愛知県の人達でありまして、愛知県の人はこれ邪馬台国に敵対した狗奴国の人の首長が前方後方墳なんだと議論した。それもまたうまくいかないんですよね。奈良県の大和古墳群という一番日本で古いと言われる古墳群のなかに、先ほど一番良い鏡だと言ってちょっと論理のすり替えをしてたんですけど、下池山古墳というのは前方後方墳なんですよね。そんなのがあってですね、今前方後方墳はこう、前方後円墳はこうと完全に分けて考えるのは、ちょっと難しいんですよね。ここの地域ではこれでわかったとしても、割合多いのは茨城県の海沿いですよね。東海村やらの周辺ですよね。あのへんは数がものすごいあるんですけど、小規模ですけどこれも理屈だてが非常に難しいんですよね。三角縁神獣鏡もですね、愛知県行くと前方後方墳にたくさん入ってる。卑弥呼の鏡は、狗奴国の中に入ってるはずがないわけですよね。そういう矛盾がいっぱい出てきますので、墳形は今のところなかなか難しいとしか言いようがないんではないか。けど大廓はコンテナとして貝殻を探してほしいというのが今のところ期待しているところです。

車崎　前方後方墳より貝殻の方が大事ですかね（笑）。北條先生どうぞ。

北條　反論させていただきます。前方後方墳の起源地が愛知県域だというのは嘘ですよね。資料と忠実に向き合いましたら滋賀県域です。滋賀県域から東海西部にかけてということですね。さらに東海狗奴国説も根拠が薄い話ですよね。むしろ私は吉備と西九州の連合体が狗奴国だと考えているものですから、東海狗奴国説とは切り離していただいて結構です。そこまで申し上げると私の主張もおわかりいただけると思います（笑）。

車崎　ありがとうございます。前方後方墳で一番大きいもの、ベストテンの半分ぐらいは大和にある（笑）。前方後方墳の中心もやっぱり大和だということになるわけかもしれません。上野先生、この議論に乗りますか（笑）。

上野　いやいやもう、冷静な話をしようと思います。坂本先生のお話とあと北條先生のお話ということで少し視点を変える形で、少しお話をしてみたいんですが、私は普段から、金属器を研究をしたり触ることが多いんですね。正直な話をいたしますと土器というのは少し縁遠いですけども、古墳時代の始まりとか盛んに一体これ何かっていう話をされた時に、皆さん盛んにＳ字

甕とか、布留式土器とか庄内式土器をおっしゃっておられます。それまでの土器というのは、近隣でお互いに隣接するような地域のなかでの交流で動くということ、これは日常の交易でもあるわけなんですね。ところがその今菅谷先生がおっしゃっておられたような、グリニッジにも比することのできるぐらいの正確な同じ時間を示してくれる土器が、これが九州から関東まで出るわけですね。何が動いてるかっていうと、甕が動いてるんですね。甕は何するものかと、現代でいうと炊飯器なんですね。壺なんかは貯蔵物、先程から大廓の壺が種籾だとかですね、米だとかあるいは坂本先生は石材だとかいろんなコンテナとしてお話をされていたわけですが、煮炊きの道具をする炊飯器が動いてるというのは、人の動きを考えるうえで非常に大きな意味をもつわけですね。S字甕というのは東海系あるいはそれに靡いた人達、その生活様式をもった人達が関東に大挙して弥生時代と古墳時代の狭間の頃にやってくるわけですね。西の方向けば庄内や布留の甕を携えた、あるいは同乗した人達がですね、西に向って動き出すわけですね。土器というのは、なかなかは馴染みがなく、難しいなあと思うんですが、どういう土器が一体どういう動き方をしたのか、誰が持ってきて何に使ったのかというのを少し考えていただくと見方が少し変わると思います。それまでは、中身を運ぶための容器だったり器ですね。変な言い方ですが、甕が動くということの意味の大きさ、これが時代の画期であったり人の動き、そういうものに鏡なんかも実は重なっていくんだというようなところを少しお話をしておきたいと思います。

車崎 ありがとうございます。すごく大事なことを話されて、坂本先生もご発表のなかで話されたわけですけど、台を付けた甕は弥生時代後期のうちに南関東、東京湾岸あるいは相模湾岸の地域にすでに入ってきている。しかし、それ以外の関東の地域は、台の使わない甕で煮炊きをしているわけであります。古墳時代になると、ほぼ関東の全域で台が付いた甕に変わってく。しかし、近畿地方の甕には台がなく、支脚を使って甕を持ち上げている。そういう動きのなかで、五領遺跡は布留式つまり近畿地方とよく似た、つまり支脚で持ち上げて煮炊きをする文化が入った地域の可能性が高いわけですね。ただ、それがずっと続くわけではなくて、しかもあまり広がらず、むしろ台付

第Ⅱ部　討論の記録

きの甕が煮炊きの道具として普及していくという流れがあります。地元の人からみて、五領遺跡以外の集落遺跡はどういうあり方ですかね。坂本先生、どうですか。

坂本　関東のなかでまず球形丸底で非常に薄い土器は点々とは出ているとは思うんですが、限られた資料を垣間見るなかでは、私はやっぱり五領遺跡には多いと。だからそれを標準にして五領遺跡を関東の古墳時代前期のモデルに設定したことに、五領式土器の研究を逆に言うと難しくしてしまっているのかなと思ってるんです。そういうなかでですね、やはり薄甕っていうのは人が動くことを一つ示すもんだと思っております。

　それと同時にですね、ことによったら燃料も違ってくるんかなと。だから台付きじゃなくて平底の土器なんかは結構木を燃やすんだけど、低地の遺跡ですと藁みたいなそういったものを燃やす。瞬間的に火力の強い藁を燃やして煮炊きをするという、そういうことも考えとかなくちゃいけない。

　あとはほんとに米だけを炊いたんか。土器の違いは実は、煮る中身も違ってたりする。粟、稗が多いとかそういうことも考えてかなくちゃいけない。燃料と薄甕文化、台を付けるとうのはそのへんのところが違う。そういう違いがあるからこそ、人が動く時に違う土器が入ってくる。ただその人達がその地域に定着してしまうと今度逆にその生活にも馴染んでいく。そういうことのなかで、土器を互換的に使っていく。その一番いいモデルが5世紀における韓式土器のあり方だと思ってるんです。6世紀になると渡来人がいたと思われるところでも韓式土器はなくなっちゃう。ところが、5世紀の近畿なんかでは以前に韓式土器がある。そういう意味で渡来人が朝鮮半島から来た時は韓式土器を持って来て、独自のを使うんだけど、6世紀まで何代か続くうちにはその在地の文化に土着しているとか、在地の文化に変わり、竈なんかあるんですけど、そういう変容のあり方っていうのを細かくみてかないといけないと思うんです。これはイメージなんですが。

　五領遺跡では布留の薄甕はあるが、ほんとにS字は少ない。逆に反町遺跡はそれに比べるとS字は多いんだと思うんです。なんか遺跡間の違いっていうのはちょっとみていくと、入ってくる人数がそんなに多くない。うん

と多かったら平均化するんだと思うんです。一応そんなこと考えてます。

車崎 ありがとうございました。台付きの甕と台のない甕にこだわったのは、人は食べないと生きていけないわけで、食べ物の調理法はとても大事だと思うからです。

5世紀になれば竈が作られるようになり、炉という部屋の中央の囲炉裏のような調理場から、壁際の竈のまわりの調理場へと大きく変わり、その変化の中で台付きの甕はなくなっているわけです。竈以前の関東では特殊な丸底の甕が、比企地域と東京湾岸の上総地域に普及していたようです。

なかなか議論がまとまりません。このシンポジウムは、三角縁神獣鏡が高坂の地域で見つかったという事件から始まったわけであります。

高坂で三角縁神獣鏡が見つかったことは、すごく重要なことで、群馬県にたくさん古い段階の三角縁神獣鏡があり、神奈川県も古い段階の三角縁神獣鏡、高坂も古い段階の三角縁神獣鏡です。同じ時期の小型の鏡は千葉県や茨城県でも出ているんですけども、三角縁神獣鏡は少ない。ところが新しい段階になると、実は群馬県には1枚もない。大型の三角縁神獣鏡だけではなく、小型の鏡もない。関東における三角縁神獣鏡の分布は、古い段階と新しい段階では大きく分布が変わっています。この事実はとても重要なことだと思っていますが、埼玉県では新しい段階の小型の鏡が朝霞市の一夜塚古墳で出土しています。そして4世紀の倭鏡は関東には小型の鏡が多いわけですが、坂本先生が調査された美里町の長坂聖天塚古墳から22.8cmという関東では最大の倭鏡が出土しています。高坂8号墳の捩文鏡は7.9cmですが、この鏡もけっして低い評価ではなかったと思っています。

要するに3世紀から4世紀にかけて、比企の地域は、関東のなかでも高いステータスをもち続けた地域だろうと思います。その背景には、五領遺跡や反町遺跡のような広域のネットワークを示唆しているような大きな集落遺跡があって、この地が広域の物流の拠点的な場所であったように思っています。まとまりのない討論になってしまいましたが、四人の先生のお話が、この地域の3世紀、4世紀の歴史を考える糸口になれば幸いです。どうも長いことありがとうございました。

第Ⅲ部

東松山市出土の
三角縁神獣鏡の研究

東松山市で三角縁神獣鏡が発見されたことについて

佐藤 幸恵

　東松山市から吉見町にかけての比企地域東部は、埼玉県での初期古墳である前方後方墳が県内でもっとも密集している。地形的には、吉見丘陵・松山台地・高坂台地が東に突き出し、市野川・都幾川が東流し、多くの自然堤防が発達している。松山台地縁辺部には、埼玉県で一番古いといわれる根岸稲荷神社古墳や柏崎天神山古墳、高坂台地縁辺部には諏訪山29号墳・高坂8号墳・毛塚1号墳、吉見丘陵には山の根古墳が所在している。まさに3～4世紀代の古墳で、三角縁神獣鏡が副葬されてもおかしくない時代の古墳であり、三角縁神獣鏡は、この地で見つかるべくして見つかったともいえよう。

「三角縁陳氏作四神二獣鏡」発見の経緯

　三角縁神獣鏡は通常は古墳の副葬品であるが、東松山市の三角縁神獣鏡は古墳から出土したものではない。その発見の経緯に触れなくてはならない。

高坂駅東口第一土地区画整理事業に伴う発掘調査と遺跡の概要

　東松山市は埼玉県のほぼ中央、東京都心部から50km圏内に位置している。地形的には、丘陵、台地、沖積地と変化に富んでおり、遺跡が数多く残されている。なかでも、埼玉県においては古墳の多い地域で、これまでに500基近くの古墳が確認されている。

　東松山市教育委員会は、高坂駅東口第一土地区画整理事業に伴い、平成10年度より発掘調査を行っており、現在も継続中である。東京都豊島区の池袋駅から埼玉県の寄居町までを結ぶ東武東上線高坂駅の東側・高坂台地のほぼ中央に位置する事業面積72.3haの区画整理事業で、そのうち20haが高

第Ⅲ部　東松山市出土の三角縁神獣鏡の研究

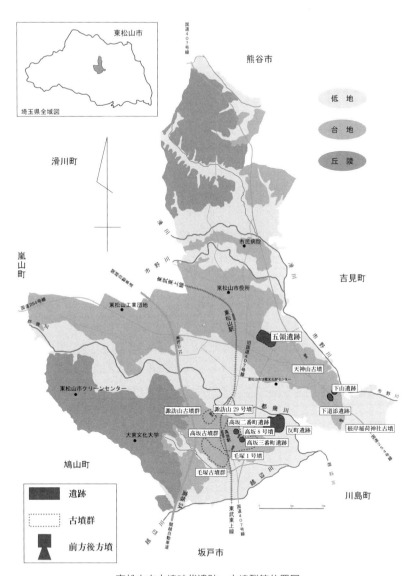

東松山市古墳時代遺跡・古墳群等位置図

坂館跡・高坂一番町遺跡・高坂二番町遺跡・高坂三番町遺跡・高坂二番町西遺跡・高坂三番町西遺跡・大西遺跡・下寺前遺跡等の遺跡である。遺跡の時代は、弥生時代中期後半から、古墳時代、奈良・平安時代、中世、近世である。

　このほか、事業地内には高坂古墳群も所在している。この古墳群では、北側と東側に都幾川の沖積地を望む高坂台地の縁辺部から中央部にかけてこれまでおよそ50基が確認されていたが、区画整理事業に伴う発掘調査でおよそ30基が新たに見つかっている。これまでに知られている古墳では、前方後円墳で高坂館跡の土塁に転用されている高坂1号墳（高済寺古墳）、5世紀末から6世紀初頭の帆立貝式古墳の高坂4号墳、大型円墳の払田稲荷神社古墳、東海産須恵器が出土した終末期方墳の高坂50号墳、試掘調査により4世紀の前方後方墳と確認された毛塚1号墳等がある。

　なお、同じ台地上の北西側には4世紀前葉末築造と考えられる前方後方墳の諏訪山29号墳、4世紀後半代築造と考えられる前方後円墳の諏訪山古墳、5世紀後半Bc種横ハケの円筒埴輪をもつ円墳の諏訪山33号墳、青銅製鈴付腕輪が出土した円墳の諏訪山1号墳などが知られる諏訪山古墳群が、西側には30基以上の円墳によって構成される毛塚古墳群があり、東側沖積地には反町遺跡内で1基の前方後円墳と27基の円墳の所在が確認されている。

高坂8号墳の調査

　平成23年8月、高坂区画整理事務所の依頼により、高坂8号墳の発掘調査に着手した。高坂8号墳は東武東上線高坂駅から東へ600m、都幾川の沖積地を東に臨む高坂台地の縁、標高は29m、沖積地との比高差は10mを測る場所に立地していた。東西23.7m、南北20m、高さ2.3mの墳丘規模をもつ、当初は円墳と考えられていた古墳である。墳頂部は幕末から明治初頭の近世墓壙が作られ、非常に平坦になっており、榊などの木が植えられるなど、かなり攪乱を受けており、主体部の発見は絶望視された。主体部が発見できないまま、古墳の調査の終盤を迎えた10月11日、墳頂部から80cmほど掘り下げたあたりで、小型の鏡と管玉、ヤリガンナが出土した。このことから、

第Ⅲ部　東松山市出土の三角縁神獣鏡の研究

三角縁陳氏作四神二獣鏡

捩文鏡

これらの出土地点あたりが主体部と推測され、わずかながら棺床面とおぼしき硬化面が確認できた。また、同じ高さで炭化物の分布もみられ、遺物および炭化物の分布状況から、長軸4m、短軸82cm程度の主体部が想定される。

なお、当初、円墳と認識していた高坂8号墳であったが、調査の過程で、周溝が方形に廻ることが確認された。方墳であれば溝が廻っているであろう南西部分に溝が確認できなかったことから、この古墳は前方後方墳であることがわかった。前方部が削平された時期は不明である。周溝は、北西部側では最大幅6m、深さ70cm程度を測るが、北東から東側にかけては、外側の立ち上がりが確認できなかった。

高坂8号墳の築造時期については、墳丘直下の住居跡が4世紀半ばまでであることと主体部から出土した鏡（捩文鏡・仿製鏡）が4世紀中葉のものであることから、4世紀後半と考えられる。

三角縁神獣鏡の発見

東松山市の三角縁神獣鏡は最初に記したように古墳から出土したものではない。高坂8号墳は東側が高坂神社と隣接している。高坂神社境内地もまた、高坂9号墳が所在するといわれている。高坂8号墳から捩文鏡が出土した翌日、高坂神社境内地で高坂8号墳発掘調査作業員によって三角縁神獣鏡が表採された。前日の鏡の発見に触発された作業員が似たような破片を拾い上げてみたところ、それが三角縁神獣鏡の破片だった。実は、高坂8号墳の発掘調査に入った当初より、その破片は数人に認識されてはいたが、捩文鏡の発見がなければ拾い上げてみようという気すら起きなかった、ということである。その日見つかったのは、縁の部分と獣像の部分の二片だった。

発見当初は、表採資料であり、そして、埼玉県で三角縁神獣鏡は未発見であったことから、真贋の判断ができなかった。幸い2日後に、三角縁神獣鏡研究の第一人者である車崎正彦氏に実見していただくことができ、本物であるという確証を得た。

このようにして最初に発見されたのは二片であったが、状態が良好であったことから残りの破片の発見が期待された。発見場所が高坂神社境内地であ

ることから、神社宮司に経緯を説明したところ、快く調査の承諾を得、10月20日・21日の2日間調査を実施し、最初に見つかった場所から2mの範囲内でほぼすべての破片を回収することができた。

三角縁神獣鏡発見後の動き

発見個所にトレンチを入れ土層観察したところ、薄い現表土下はロームブロックを多く含む客土であり、鏡片は明らかにこの客土中に紛れ込んでいたものであった。では、この客土はどこからもたらされたものなのか。当初は高坂8号墳が壊されたものと考えられた。高坂8号墳の主体部があったと思われるほぼその場所に、近世墓が掘られていたことと、この客土が高坂8号墳を構築している土と似ていることから、高坂8号墳墳頂部の近世墓を掘削する際に土と一緒に捨てられたのではないかと単純に考えたのである。そして、高坂8号墳が高坂古墳群のなかでは今のところ一番古く、墳形も他と画していることもその補強材料となった。

しかし、三角縁神獣鏡が埼玉県で初発見であることから、埼玉県教育局でも動きがあった。発見経緯から資料的評価は慎重を期す必要があるということで、12月、埼玉県発掘調査評価・指導委員会が設置されたのである。委員会からは、8号墳の近世墓からもたらされただけにしては、発見場所の客土の量が多すぎるのではないか、という指摘を受けた。高坂9号墳も視野にいれるよう指導されている。

三角縁神獣鏡の概要

三角縁神獣鏡の概要については、車崎正彦氏にご教示いただいた。

鏡式は「三角縁陳氏作四神二獣鏡」で、面径22cmを測る。鈕は神仙像の2区画を通るように穿たれ、鈕孔はいわゆる長方形鈕孔。鈕座は有節重弧紋座。内区は界圏に接した位置に配した4乳で4区画に分割。乳は乳ⅱ式。界圏は内側斜面に外向きの鋸歯文、外側斜面は無文。内区外周に銘帯、外側に鋸歯文帯、二重の突線で境された二帯構成。外区は、外向きの鋸歯文・複線波文・外向きの鋸歯文の三帯構成で外周突線がある。縁は三角縁で、外区断面形は

外区4式。神獣像の配置はH式に該当。神獣像の表現は、表現8に相当。

　内区の一つの区画には、向かって左に東王父、右に西王母が坐している。拱手している神仙の肩から、先端の巻いた太い羽翼が表現される。東王父は三山冠を冠り、西王母は内側に巻いた双髻、衿飾のついた衣服は左前に表現される。神仙像の表現は京大目録61番（以下、京大目録を略し番のみで記載）に近い。

　その左の区画は、鱗を表わす円文を体躯にあしらった龍がいる。顔は横向きに表現され口を開くが、鈕を挟んで対置されている虎とともに巨は表現されていない。下顎の顎鬚とは別に顎下から長く伸びているのは鬣の表現と考えられる。肩には羽翼の表現がある。頭上の両耳の外側に長い二角が表わされており、両手で龍の二角をもつ仙人が龍の後ろに表現される。

　次の区画は、右に鐘子期と考えられる側耳の神仙、左に双髻の神仙、その左脇に捩文座に立つ傘松形文様が表わされ、この組み合わせは82番と同じである。傘松文の左上の図文（傍題『白虎』の『白』と思われる）と鋸歯文も82番と同じである。鋸歯文の下にみえる弧文の重なりは、82番では虎の前足の前に表わされている山岳文であるらしい。

　その次の区画は、体躯に縞模様をあしらった虎がいる。角や顎鬚は表現されていない。鬣の表現は、表現8にはみられないが、表現4の87番や88番に似た表現がある。虎の後ろの乳の上に小さく仙人が表わされていて、仙人の手は虎の尾を掴んでいる。

　銘文は、始点の符号「・」を置き、「・陳氏作竟甚大好　上有戯守及龍虎身有文章口銜巨　（『古』が脱落）有聖人東王父（『西』が脱落）王母　渇飲玉泉（『飢』が脱落）食棗」とある。類似の銘文は61番と82番で、書体も似ている。

　この鏡は同范鏡が知られていない。しかし、ところどころ鋳型を直した形跡が見られ、初鋳の鏡ではない。

三角縁神獣鏡の分析

　関東地方における三角縁神獣鏡の発見は、40年ぶりということであり、現在できうるかぎりの科学的分析を行った。

第Ⅲ部　東松山市出土の三角縁神獣鏡の研究

　永嶋正春（国立歴史民俗博物館）による非破壊検査の結果については、三元素に限定していえば、銅74％、錫21％、鉛5％の割合が得られた。この結果をもとに、平成25年度、鏡の復元製作を行い、往時の輝きを現代に蘇らせたところである。

　この鏡は割れているので、その断面から試料採取し、齋藤努（国立歴史民俗博物館）に鉛同位体比分析を依頼した。その結果からは、中国の華中～華南産原料が使用されていることが分かった。

　水野敏典（奈良県立橿原考古学研究所）には、三次元計測を行ってもらった。橿原考古学研究所は、全国の560面の三角縁神獣鏡のうち270面の三次元計測データを保有しており、そのデータに東松山市の三角縁神獣鏡のデータを加えてもらうことができた。

　古墳から出土しておらず不明な点が多い東松山市の三角縁神獣鏡について、科学的な分析から様々なことがわかってきた。今後、この結果が三角縁神獣鏡の研究の発展の一助になることを期待したい。

3～4世紀の東松山市の遺跡

　東松山市では、文化財保護法施行以降、初めて発掘調査が行われたのは、昭和29（1954）年、五領遺跡である。五領式土器の標識遺跡でもあるその五領遺跡では、畿内系・東海系・山陰系の外来系の土器が出土していることは知られている。その後、昭和53年の下山遺跡、昭和60年下道添遺跡などでも外来系土器が出土した。最近では、平成17年反町遺跡で外来系土器が出土している。また、遺物の出土量が多く整理作業が遅々として進んでおらず詳細の発表はまだだが、高坂三番町遺跡・高坂二番町遺跡の土器を観察すると東海系・畿内系の土器が出土していることがわかった。外来系の土器を出土する遺跡は、この当時のヤマト王権と接触していたと考えてもおかしくはない。そして、これらの遺跡のそばには、冒頭で述べた初期古墳が所在している。新たな墓制とともに、土器、あるいは人もやってきたのかもしれない。

　東松山市には、弥生時代後期の遺跡も多く、関東地方では珍しい銅釧や鉄剣、銅鏃の出土もみられるなど、このような威信財をもつ首長層がいた。畿

内のヤマト王権が東国への足がかりに、東松山市付近を選ぶ素地はあったのであろう。

　三角縁神獣鏡は、言うまでもなくヤマト王権が配布した鏡である。三角縁神獣鏡の出土は、東松山市域の首長層とヤマト王権の結びつきを証明した。五領遺跡の発掘調査以来、外来系の土器を出土する遺跡が見つかるたびに考えられていた畿内との結びつきを、はっきりと証明したのである。

第Ⅲ部　東松山市出土の三角縁神獣鏡の研究

検出状況（最初に見つかった2片）　　　破片検出作業状況

破片検出作業状況　　　検出状況（高坂8号墳跡を臨む）

検出状況（高坂8号墳側から）　　　トレンチ

トレンチの土層断面　　　トレンチの土層断面

三角縁神獣鏡発見状況とトレンチの様子

三次元計測からみた高坂古墳出土の
三角縁神獣鏡

水 野 敏 典

(1) 三次元計測とその仕様

　三次元計測とは、モノの形を三次元の座標位置を与えた膨大な点群データで記録する技術である。今回の高坂古墳出土の三角縁神獣鏡の場合、鏡背面のみで約500万点の計測点をもとに陰影をもつCG画像（三次元形状計測画像）を作成している。一見、白黒写真のようであるが、光源位置は自在に変えることができる（第1図）。また、色情報を無くすことで、形状の詳細を陰影から認識しやすくしている。そして一度、三次元計測を行えば、銅鏡をパソコンのモニター上で、角度を自在に変えて拡大縮小し、光源位置を変えて陰影の位置を自在に動かすことで、銅鏡が手元になくとも、疑似的に観察を行うことを可能とする（第3・4図）。もちろん付着物や復元状況を含めて銅鏡の詳細な目視観察が大前提であるが、離れた場所に収蔵保管されている考古資料を比較するには大きな威力を発揮する。

　また、三次元計測の計測点を利用することで、人の手で触れることなく、精密で客観的な断面図を作製し、他の銅鏡との比較検討ができる（第2図）。さらに、モノの形を高精度に記録できることを生かし、単に文化財の形状を記録保存できるだけでなく、さらに一歩進めて、同一文様をもつ銅鏡間の微細な差異を視覚化し、数値化とすることで鋳造技術関連の考古学的な問題解決を可能とできる。

　今回使用した機種は、ドイツのGOM社のATOS Ⅱという光学式の三次元計測器で、計測点間ピッチは80μm（1000分の80mm）、計測誤差は±6μmという精度で計測を行っている（水野2010）。そのデータをGolden Software社のsuefer 12というソフトで画像化し、光源などの設定を行っている。銅

第Ⅲ部　東松山市出土の三角縁神獣鏡の研究

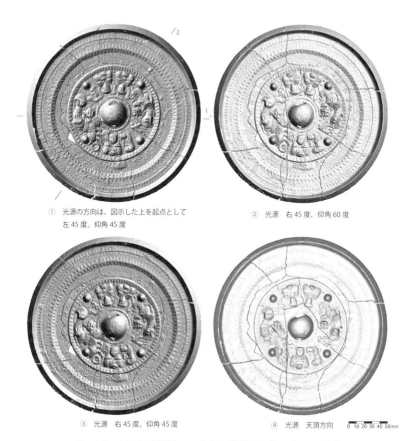

① 光源の方向は、図示した上を起点として左45度、仰角45度

② 光源　右45度、仰角60度

③ 光源　右45度、仰角45度

④ 光源　天頂方向

第1図　高坂古墳群鏡の三次元形状計測画像と光源の移動

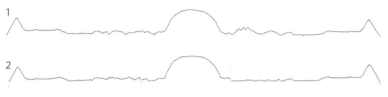

第2図　高坂古墳群鏡の鏡背面断面図

鏡の光沢の強い部分や光のうまく入らないひび割れ部分などの計測データが取れなかった部分は、計測欠陥として黒く欠けて表示される。

(2) 三次元計測を応用した三角縁神獣鏡研究

　三角縁神獣鏡は、古墳時代前期の古墳副葬品を代表する銅鏡である。これまでに約560面の出土が知られており、奈良県立橿原考古学研究所を中心とした研究メンバーにより、1999年からの継続的な調査の結果、そのうちの約270面の三次元計測調査を行っている（橿考研 2005、水野 2010）。

　その過程で三次元計測の特性を生かし、三角縁神獣鏡に特徴的な同一文様をもつ「同笵鏡」間の微小な差異を中心に分析した。なかでも鏡背面にのこる笵（鋳型）傷に注目し、傷の増加傾向を確認することで、「同笵鏡」の製作技術と製作順序を解明する具体的な分析を行ってきた（水野 2005）。また、人の手による計測が不可能であった神像表現の立体的な差異の把握を可能としたことで、三角縁神獣鏡は同一文様の銅鏡を量産する過程で、同じ笵（鋳型）での連作だけでなく、踏み返しとよぶ笵（鋳型）の複製技術を併用している可能性を指摘した（水野ほか 2014）。踏み返しとは、完成した銅鏡に真土（粘土）を押し付けて、鋳型の文様を写し取り、鋳型を複製する技法である。しかし、他の銅鏡には確認できる踏み返し時に使用する真土（粘土）収縮にともなう鏡径収縮は、確認できていない（水野 2010）。

　従来、三角縁神獣鏡においては「同笵鏡」とよぶ同一文様の鏡群を中心に研究が進められてきたが、三次元計測によって精密な断面図を造れるようになり、その比較検討のなかで、銅鏡の基本形を造るための挽型の共有関係を、「同笵鏡」の枠を超えて確認した（岩本 2005、水野ほか 2012）。これにより、「同笵鏡」を作製した工人グループ間の関係を追究する新しい研究視点を得ることができた。

　三次元計測を応用した製作技術の研究は、他にも兄弟銅鐸の製作技法や、類似した古墳時代の青銅製品の比較検討など、三角縁神獣鏡を取り巻く、幅広い資料に応用できる（水野 2010）。

第Ⅲ部　東松山市出土の三角縁神獣鏡の研究

第3図　三次元計測による正面傾斜45度、真横の画像

①正面傾斜45度　光源移動

②正面傾斜45度、光源移動

③光源移動　右90度、仰角45度

④光源移動　左135度、仰角45度

第4図　観察のための光源移動と拡大画像の作製

(3) 銅鏡の図像と范傷

　高坂古墳鏡の図像的特徴は、一般的な三角縁神獣鏡にみられる図像のルールからの逸脱や、鋳型作成段階での錯誤が目立つ点である。例えば、神像から延びる羽根状の表現は、左右対象が一般的であるが基本となる神像配置の割り付けに問題があったのか、型押しなどのよるものか判然としないが、図像は四つの乳の間に収まりきらず、表現の片側を省略した部分が目立つ。三角縁神獣鏡には、鈕の周囲に有節弧とよぶ、かまぼこ状に膨らむ圏線に楕円形の節や弧線をもつものがよくみられる。しかし、高坂古墳鏡では、その有節弧の上に内区の文様がはみ出して重なる。これは、本来はあり得ない文様であり、鋳型に文様を刻みこむ作業過程で、やわらかい粘土（真土）に何らかのトラブルで大きく傷（へこみ）をつけてしまい、補修せずにそのまま文様として取り込んだ結果とみられる。錯誤を補修せずに文様に取り込む例は、いわゆる「仿製」とされる三角縁神獣鏡（目録209 一貴山銚子塚古墳鏡など）にもあるが稀である。また図示した下方に、頭を垂れた神像表現があるが、本体、神像3体を組み合わせた伯牙弾琴の図にある従者に似るが、隣は伯牙の表現ではない。また、神獣と乳の間に小さな脇仙がおり、それ自体は画文帯神獣鏡などにある精緻な神像配置をもつ一方で、形が崩れて斜めになった笠松文様や乳の周囲の文様が乱れるなど、文様の配置に統一感が欠ける。

　それらの文様とは別に、范（鋳型）の傷が銅鏡に写し取られて鋳上がっている部分が確認できる。外区とよぶ三角縁内側の一段高い部分には、鋸歯文に複波文を挟んだ三角縁神獣鏡に通有の文様がある。しかし、詳細に観察すると何箇所か模様の無い部分があり、鋳型表面がはがれて文様が欠けた状態で鋳造したことを示している。鋳型の完成時には、このような范傷は稀であったと考えられ、高坂古墳鏡の鏡背文様における複数の范傷の存在は、高坂古墳鏡がこの鋳型で造られた初めての銅鏡ではないことを想定させる。今後、「同范鏡」がどこかで出土する可能性を教えてくれている。

第Ⅲ部　東松山市出土の三角縁神獣鏡の研究

(4) 三次元計測データの利用

　高坂古墳鏡は、現時点では同一文様をもつ「同范鏡」の存在が確認されていない。そのため、三次元計測が得意とする「同范鏡」間の微細な違いを見出す分析はできない。

　神像の顔は丸顔で太い帯状の羽根状表現をもち、神獣の胴部に円形の文様をもつなどの図像の特徴を見出すことはできる。本来、銅鏡に描かれる神像や神獣には、西王母、東王父などの神仙の名前があり、龍虎などの名前と表現の区別があり、古代中国の世界観を示していた。三角縁神獣鏡の多くは各神像の特徴を失っているが、その分、鏡を造った工人の神像表現などの癖は逆に良く出ている。従来の研究に三角縁神獣鏡を分類整理した目録があり（大古墳 2000）、その目録番号82の古富波山古墳鏡とは、鏡径、神獣の配置、銘文などに共通する点が認められる（第7図）。神像表現の分類研究では（岸本1989）、高坂古墳鏡は表現⑧とよぶ表現に近いものである。銘文においても同じ「陳氏作鏡」であり、銘文の字体も「好」など癖のある文字などは酷似する。

　そこで断面図を作成してその形状を比較してみた。双方の銅鏡とも、複数ヶ所が割れていること、鋳上がりによるものか、三角縁の内側のラインが安定していないこと、また外区から銘帯への斜面に鋸歯文をもつため、断面作成ラインが鋸歯文のどこに通るかにより、断面図にズレが出ることから、三次元計測の精度を生かした厳密な比較は難しい状況である。しかし、計測データから作成した断面図において、三角縁の形状と一段高い外区の幅と斜面形状および鈕の断面形状についてきわめて近似する部分を確認した（第8図）。

　つまり、高坂古墳鏡と古富波山古墳鏡は、「同范鏡」枠を超えて挽型を共有した可能性が高いといえる（第5図）。加えて、神像表現や銘文字体も似ることから、2面の三角縁神獣鏡は、近い関係をもつ、もしくは同一の工人集団で製作したと想定することができる（第6図）。

三次元計測からみた高坂古墳出土の三角縁神獣鏡

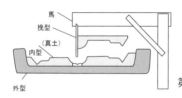

第5図　銅鏡の基本型作製用の挽型

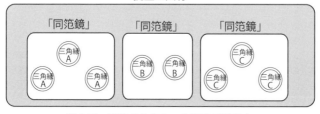

第6図　挽型の共有という研究の新視点

目録番号82
群馬県
古富波山古墳

東博 J-2594

①高坂古墳鏡の神獣表現
胴部に円文をもつ特異な表現

②古富波山古墳鏡神獣表現

第7図　高坂古墳鏡と図像の類似した三角縁神獣鏡

橿考研『古鏡総覧』(2005) より　転載には所蔵機関である東京国立博物館の許可を得てください

第8図　挽型の共有

(5) まとめ

　高坂古墳鏡は、これまでにない文様をもつ三角縁神獣鏡であり、同一文様の「同范鏡」は存在しない。そのために三次元計測データの比較対象を、三次元計測を行う以前には確認できなかった。しかし、10 年以上にわたる継続的な調査による三角縁神獣鏡の計測データの蓄積を活用し、新たな挽型の共有関係の可能性を指摘することができた。挽型の共有は、以前に 120 組の「同范鏡」に対して分析を行ったところ（水野ほか 2012）、「同范鏡」23 組の、割れや欠損の少ない 43 面において、九つの挽型の共有関係を確認している。これは、調査した「同范鏡」全体の約 20％に相当し、必ずしも特殊な例ではない。今後、挽型の分析は、「同范鏡」の枠組みとは別に、三角縁神獣鏡の製作体制を問い直す新しい研究視点となると考える。

註

　三角縁神獣鏡「同范鏡」について、その同一文様鏡の量産方法について同じ范（鋳型）から連続して鋳造を行う同范技法だけでなく、できあがった原鏡（必ずしも銅鏡でなくともよい）に真土とよぶ粘土を押し付けて文様を写し取るいわゆる踏み返し、つまり同型技法が併用されている例を、三次元計測を応用した研究から確認している（水野 2014）。そのため同范・同型鏡とすべきであるが、同范鏡の名称は学史的に定着した名称であり、本稿では「同范鏡」と表記する。

　古富波山古墳鏡は、東京国立博物館の所蔵品（J-2594）で、橿考研 2006『古鏡総覧』よりの転載である。

　本研究は、JSPS：25284161 研究代表：水野敏典（基盤研究 B）「三次元計測を応用した青銅器製作技術からみた三角縁神獣鏡の総合的研究」の成果の一部である

引用参考文献

岩本　崇 2005「三角縁神獣鏡の規格と挽型」『古鏡総覧』橿考研編
岸本直文 1989「三角縁神獣鏡製作の工人群」『史林』第 72 巻第 5 巻 史学研究会

三次元計測からみた高坂古墳出土の三角縁神獣鏡

岸本直文 1991「権現山 51 号墳出土の三角縁神獣鏡について」『権現山 51 号墳』
宮内庁書陵部陵墓課 2005『古鏡集成』学生社
奈良県立橿原考古学研究所 2005『三次元デジタル・アーカイブを活用した古鏡の総合的研究』橿原考古学研究所研究成果報告第 8 冊（橿考研 2006『古鏡総覧』学生社に同じ。以下、橿考研編『古鏡総覧』）
水野敏典 2005「三角縁神獣鏡における范の複製の製作工程」『古鏡総覧』橿考研編
水野敏典編 2010『考古資料における三次元デジタルアーカイブの活用と展開』（以下『活用と展開』）課題番号 18202025（基盤研究 A）科研報告書
水野敏典・今津節生・岡林幸作・山田隆文・高橋幸治ほか 2005「三角縁神獣鏡の鋳造欠陥と『同范鏡』製作モデル」『古鏡総覧』橿原考古学研究所編
水野敏典・奥山誠義・古谷毅・徳田誠志 2011「三次元計測を用いた三角縁神獣鏡『同范鏡』鏡径収縮の有無の検討」『日本考古学協会第 77 回総会研究発表要旨』
水野敏典・奥山誠義 2012「三次元計測を応用した挽型からみた三角縁神獣鏡の製作技術の研究」『日本考古学協会第 78 回総会研究発表要旨』
水野敏典・奥山誠義・古谷毅・徳田誠志 2014「三角縁神獣鏡『同范鏡』にみる同型技法の使用痕跡の研究」『日本考古学協会第 80 回総会研究発表要旨』

三角縁陳氏作四神二獣鏡のX線による調査

永嶋正春

はじめに

　標記の資料について、その保存状態や素材に関する情報を得る目的で、X線装置による調査を実施した。X線透過検査と蛍光X線分析の二つの調査である。前者によって、資料の傷み方や巣の存在状況などが把握でき、また鏡面文様について新たな知見が得られることも期待できる。後者によっては、金属素材、腐食の内容、赤色顔料（水銀朱など）の有無などに関する情報を得ることができる。これらの調査は、当然ながら資料の詳細な観察を前提として成り立つものであり、したがって光学顕微鏡等による調査も並行して実施する必要がある。

　本稿では、資料集であるとの性格を考慮したうえで、また金属素材に関する調査結果が複製品の製作に生かされた経緯をも踏まえて、これらの調査結果を示すこととしたい。

調査方法

　X線透過検査　国立歴史民俗博物館（歴博）の第三調査室に設置している工業用X線透過検査装置（理学電機製）を使用し、X線透過像をフィルム像として記録した。資料が青銅製であること、厚みの変化が大きいことなどを考慮し、種々の条件設定の元で、四切フィルム21枚（内4枚を、東松山市教育委員会に提供）の撮影を実施した。撮影条件の詳細については省略するが、おおむね次の通りである。

　　撮影距離（X線焦点とフィルム間の距離）　　1m
　　X線焦点の大きさ（実効面積）　　　　　　　0.4×0.4mm

撮影フィルム（片面乳剤・透明ベース）	フジグラフィックフィルム GC-100 （16枚については、0.03mm厚鉛箔増感紙を使用）
使用電圧・電流・撮影時間	80～160kV・3mA・2分あるいは6分

得られたX線フィルム画像については、パソコン上での観察に資するためX線フィルムデジタイザー（アレイ社製Array2905を使用）により、508dpiでのデジタル画像化をはかった。

蛍光X線分析 歴博第三調査室設置のエネルギー分散型蛍光X線分析装置（日本電子製JSX-3201Mエレメントアナライザ）を使用した。X線管球のターゲットはロジウム（Rh）、管電圧は50kV、管電流は自動調整（多くの場合、3mA）した。測定面積は一次側コリメータにより調整したが、たとえば0.5mmφコリメータ使用時では、測定面積は約1mmφになる。

検出元素の定量化は、装置内蔵のソフト（ファンダメンタルパラメーター法）によったが、本報告では、銅鏡の地金成分が銅（Cu）、スズ（Sn）、鉛（Pb）より成るものとして、見かけの質量％を算出させた。本来の銅鏡成分には、これらの他にケイ素（Si）、鉄（Fe）、ビスマス（Bi）、ヒ素（As）、銀（Ag）、アンチモン（Sb）などが少量あるいは微量に含まれていることになる。また銅錆や付着した土などの汚れに由来するカルシウム（Ca）、塩素（Cl）なども検出される。このことに加えて、本装置による測定データは、その手法的な制約から、測定部位のごく表面部についての情報に過ぎないことを常に念頭に置いて、解釈を進める必要がある。

調査結果

対象資料は、大小13の断片に割れていたため、調査作業の便を図るためにA～Mの番号を付した。なお、内区のごく一部のみ欠損しているが、この部分をNとした。X線調査開始時に各片を秤量したが、成分の溶脱、錆の生成、土などの付着、一部の欠損を考慮しても、本鏡の製作当初時でおお

むね1kgを少し超えていたことは確かであろう（以上、第1図参照）。

X線透過像について　第1図に全体像（約50％大）、第2・3図に内区を中心とした1.15倍拡大像、第8図に鈕部のX線像を示した。いずれもX線フィルム像に対しては白黒反転しているため、X線の透過しやすい部分すなわち薄い部分が、より白く表現されている。銘文や図様の検討に耐えうるX線像が得られたものと理解しているが、それらの解釈については関係者に委ねるとして、腐食の進行や巣のあり方について少し触れておきたい。

各断片の割断面に沿ってX線像を観察してみても、最も厚さの薄い内区部分でさえ長時間に渡る錆の生成進行があった様子は全く認められない。古墳時代あるいはそれ以前に割れた場合であれば、土中での錆化のため、時によっては地金が全く無くなってしまうほどの進行が要所に認められるべきであるが、それが皆無である。割断面での赤色錆の生成状態と土の付着状況をも考慮すると、資料検出時（発掘時）ではないものの、さほど古くない時代に割れたものと考えざるをえない。ちなみに、割断面の外観でみると、発掘時にはM片は、その一部でA片、B片に辛うじて接合していたものと判断できることも、そのことの傍証にはなろう。

巣の発生状況であるが、三角縁に接する内側では、量の多少を問わなければ全ての断片で巣の存在が確認できる。内区でそれなりに巣の発生が目立つのは、J片、K片すなわち二神像の部分であり、このことをもって鋳造時の湯口側だとの議論も成立するであろうが、鏡全体について鋳造の状態が良好であるので、即断は控えたい。

蛍光X線分析結果　A片、B片、D片を対象として、蛍光X線分析を行った。結果については、本文中に別表として示し、また資料に即した理解を得る目的で第4～7図を用意した。

一般に、資料そのままを直接分析対象とした場合、方法上の制約から半定量的な議論にとどまらざるを得ないため、定量的な厳密さには欠けることとなる。文化財資料の分析では、諸般の事情からここでとどまらざるを得ないことが多い。しかしながら、資料の実材複製では、できる限り信頼できる定量分析値を用いて製作することが望まれている。今回の分析調査に当たって

第Ⅲ部　東松山市出土の三角縁神獣鏡の研究

は、将来的な資料活用をも踏まえて、わずかな量ではあるものの鏡本体からの地金採取が許可され、結果として良質な地金試料を確保することができた。したがってここではまず、採取した地金についての知見を述べることとする。

　地金試料は、D片の縁部より採取することとしたが、その状況を第7図に示した。縁部の断面に付着した土などの汚れを除いた後、ダイヤモンド工具によって地金表面部を軽く除去し、1.5mmφの金属用ドリルで深さ数mm程の穴を三個所開けて地金試料を採取した。採取した試料量は、洗浄乾燥後で46.12mg（約0.05g弱）である。ちなみに、試料採取直前のD片は48.28742g、直後では48.16020gであるので、採取作業に伴う減量分は127.22mgであった。採取した地金金属についての分析値は、別表D⑦〜⑩の通りである。分析装置の測定窓に設置した採取試料（ドリル屑）の測定範囲を4種類に変えた結果であるが、ほぼ同じ値が得られている。これらの測定結果から、本鏡の地金成分（質量％）は、銅（Cu）74％、スズ（Sn）21％、鉛（Pb）5％よりなるものと判断した。

　無論これは三元素に限定して得られた数値であり、仮にD⑧の測定で、さらにケイ素（Si）、カルシウム（Ca）、鉄（Fe）、ニッケル（Ni）、ヒ素（As）、銀（Ag）、アンチモン（Sb）、ビスマス（Bi）の少量あるいは微量に存在することが期待できる八元素を加えて算出させると、Cu：73.2％、Sn：20.6％、Pb：4.7％となり、これら三元素の合計は98.5％になる。他の元素は意外に少ないともいえる数値であり、それだけきれいな青銅地金が使用されていたものと考えてよかろう。いずれにしてもガラス質的破断面から推察された通り、いわゆる白銅（高スズ青銅）鏡であることが確認できたことになる。なお、より精緻な分析値を得るため、本地金試料については、東京学芸大学二宮修治氏が化学分析を進めているところである。

　さて次に、残りの測定データすなわち鏡片をそのまま直接分析した結果について検討してみたい。上記の成分構成を基本に考えると、それらについてはいくつかの傾向を把握することができる。まず鏡面についてであるが、デンドライト（樹枝状晶）の発達が認められる緑黒色平滑面（第8図）の測定では、測定例10例全てでスズの数値は2倍以上に達しており、鉛はわずかに大き

な値を示している。これは鏡の表面部では、銅が選択的に溶脱している結果である。表面に認められる緑青錆部の測定例6例（A⑦〜⑨、A④、D②③）では、1例でスズの値がわずかに多いことを除けば、残り全てで、スズ、鉛共に下回った値を示している。しかしながら表面直下の緑青錆の例（D⑥）では、鉛はほぼ同じであるが、スズは約2倍に達している。これらの事実も銅の選択的溶脱とは整合する。上記のD⑥を除く割断面部の測定例22例をみると、全ての場合についてスズの数値は上回っており、鉛の数値は下回っている。これらの事実は、割断面の発生から現代に至るまでの間にはいくぶんかの時間経過があることを意味している。なお赤色錆を含む事例が2例（A⑩、B②）あるが、いずれからも水銀（Hg）は検出されておらず、水銀朱（赤色顔料）の付着では無いことが改めて確認できる。他の赤色部分の性状もこれらと同様であるので、本鏡については朱の付着（朱の散布など）が無いものと判断する。

おわりに

標記の資料についてX線的調査を実施し、以上のような結果を得た。得られた地金試料についての分析結果、銅74％、スズ21％、鉛5％は、過去に行われた類例鏡についての化学分析値と整合的であり、本鏡の特徴の一端がとらえられたものと考えている。X線透過像でみても、優秀な鋳造技術による製品と判断できるので、今後、本鏡に関する総合的な検討が進展することを期待したい。

なお補足的な事柄ではあるが、鈕孔内には緒に由来すると思われる繊維痕跡があり、そこからの剥落かと思われる繊維束（絹と思われる）の微片も見出されることから、今後布等の付着物についても慎重な検討が必要になろう。

註

山崎一雄氏のまとめによれば、「中国製の鏡の成分は、漢から唐に至るまでほとんど一定で、銅、スズ、鉛の比が、70：25：5」である。（「考古学のために化学は

第Ⅲ部　東松山市出土の三角縁神獣鏡の研究

なにをしたか」山崎一雄、『考古学のための化学 10 章』馬淵久夫・富永健編、1981 所収)

　本鏡より製作時期がやや遡るかと思われる福岡県平原方形周溝墓出土鏡の内、13面についての成分比は、銅、スズ、鉛の合計を仮に 100 とした場合、銅：62.25〜71.18、スズ：22.68〜31.98、鉛：5.15〜7.22 となる。(「鏡片の定量分析」(財) 九州環境管理協会、『平原弥生古墳』原田大六、1991 所収)

三角縁陳氏作四神二獣鏡のX線による調査

別表　三角縁陳氏作四神二獣鏡　蛍光X線分析結果

分析個所			測定範囲 (mmφ)	測定時間 (sec)	分析結果（質量%） 銅(Cu)	スズ(Sn)	鉛(Pb)	測定データ番号	備　考
A	鏡面	A①	14	300	39.4	53.5	7.1	120608-01	緑黒色平滑面(デンドライト)
		A②	14	300	47.2	46.4	6.4	120608-02	緑黒色平滑面(デンドライト)
		A③	14	300	44.7	48.9	6.4	120608-03	緑黒色平滑面(デンドライト)
		A⑤	1	1200	44.1	50.3	5.6	120424-11	緑黒色平滑面(デンドライト)
		A⑥	1	1200	48.5	45.5	6.0	120424-12	緑黒色平滑面(デンドライト)
		A⑦	1	1200	85.3	13.5	1.2	120424-15	痘痕状膨れ錆部（緑青錆）
		A⑧	1	1200	80.7	17.3	2.0	120424-13	緑青錆部
		A⑨	1	1200	75.6	22.8	1.6	120424-14	緑青錆部
	鈕	A④	14	300	82.0	15.1	2.9	120608-04	頭頂部緑青錆面
片	縁割断面	A⑩	1	1200	71.2	24.9	3.9	120424-01	赤色錆を含む
		A⑪	1	1200	70.7	27.4	1.9	120424-02	
		A⑫	1	1200	69.0	28.1	2.9	120424-03	
		A⑬	1	1200	60.5	35.2	4.3	120424-04	
		A⑭	1	1200	68.4	27.0	4.6	120424-05	
		A⑯	1	1200	65.9	31.6	2.5	120424-07	
		A⑰	1	1200	65.9	32.0	2.1	120424-08	
	他断面	A⑮	1	1200	68.1	29.9	2.0	120424-06	鈕座に近接する文様部の断面
		A⑱	1	1200	58.8	37.1	4.1	120424-09	神像頭部位置の断面
		A⑲	1	1200	68.1	29.2	2.7	120424-10	内区文様（仙人）の断面
B	鏡面	B①	1	1200	37.0	56.9	6.1	120425-11	緑黒色(漆黒色)平滑面(デンドライト)
		B②	1	1200	36.0	58.1	5.9	120425-12	B①に同様　ただし赤色錆を含む
		B③	1	1200	38.7	55.5	5.8	120425-13	B①に同様個所
		B④	1	1200	36.9	57.1	6.0	120425-14	緑黒色平滑面(デンドライト)
	縁割断面	B⑤	1	1200	72.2	25.8	2.0	120425-09	
		B⑧	1	1200	65.1	31.2	3.7	120425-01	
		B⑨	1	1200	69.4	28.7	1.9	120425-03	
		B⑩	1	1200	67.8	29.9	2.3	120425-04	
片		B⑪	1	1200	68.2	30.1	1.7	120425-02	
		B⑫	1	1200	67.0	30.9	2.1	120425-05	
	他断面	B⑥	1	1200	61.7	35.3	3.0	120425-08	界圏付近の断面(土の付着なし)
		B⑦	1	1200	64.2	33.1	2.7	120425-07	界圏付近の断面(土の付着なし)
		B⑬	1	1200	64.8	32.4	2.8	120425-06	界圏付近の断面
		B⑭	1	1200	70.7	27.1	2.2	120425-10	内区銘帯「王」部断面
D	鏡面	D①	14	300	38.9	53.8	7.3	120622-11	緑黒色平滑面(デンドライト)
		D②	14	300	88.9	8.8	2.3	120622-13	緑青錆部
		D③	14	300	81.0	15.2	3.8	120622-12	緑青錆部
	縁割断面	D④	4	1200	68.1	29.4	2.5	120622-14	
		D⑤	1	1200	66.9	30.5	2.6	120622-15	
片		D⑥	1	1200	54.2	40.9	4.9	120622-16	表層部(表面直下)の緑青錆部
	採取地金金属試料	D⑦	8	600	74.1	20.8	5.1	120626-01	ドリル屑状態のまま（粉末として）
		D⑧	4	600	74.0	20.9	5.1	120626-02	ドリル屑状態のまま（粉末として）
		D⑨	2	600	73.7	21.3	5.0	120626-03	ドリル屑状態のまま（粉末として）
		D⑩	1	1200	73.5	21.6	4.9	120626-04	ドリル屑状態のまま（粉末として）

上記のうち、A①〜④、D片の全てについては真空下で、それ以外については空気通路下で測定した。
表記の分析結果は、銅鏡の地金が仮に銅、スズ、鉛の三元素のみで構成されているとした場合の数値である。

第Ⅲ部　東松山市出土の三角縁神獣鏡の研究

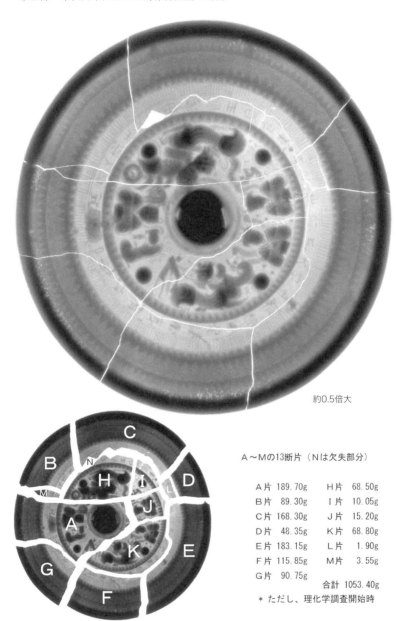

約0.5倍大

A～Mの13断片（Nは欠失部分）

A片　189.70g　　H片　68.50g
B片　 89.30g　　I片　10.05g
C片　168.30g　　J片　15.20g
D片　 48.35g　　K片　68.80g
E片　183.15g　　L片　 1.90g
F片　115.85g　　M片　 3.55g
G片　 90.75g
　　　　　　　合計　1053.40g
＊ただし、理化学調査開始時

第1図　X線透過像・断片の分別と各片の重さ

三角縁陳氏作四神二獣鏡のX線による調査

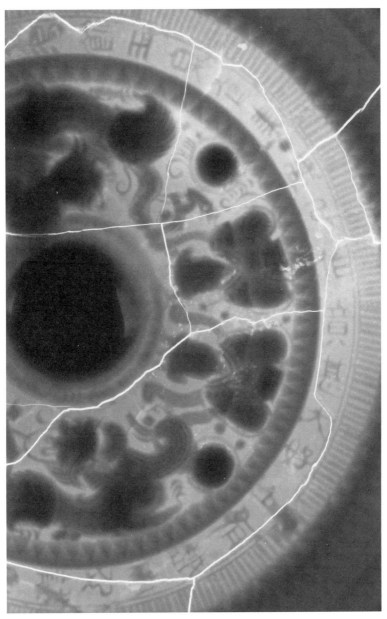

第2図　X線透過像（部分）1.15倍大

第Ⅲ部　東松山市出土の三角縁神獣鏡の研究

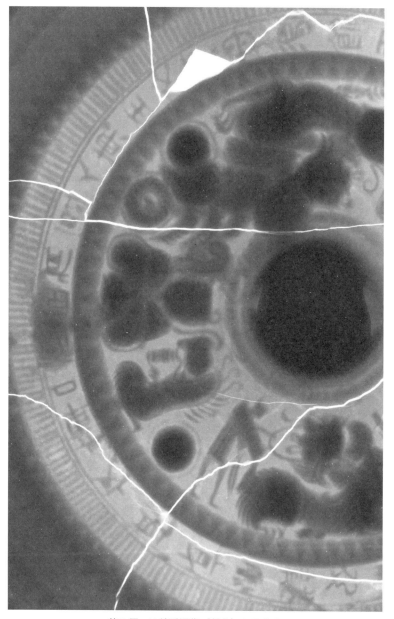

第3図　X線透過像（部分）1.15倍大

三角縁陳氏作四神二獣鏡のX線による調査

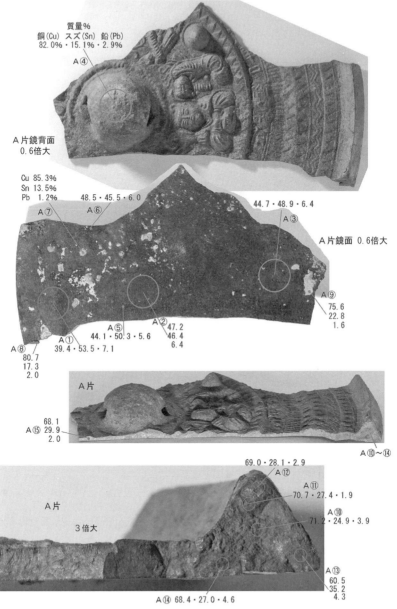

第4図 蛍光X線分析個所と測定結果 A片

第Ⅲ部　東松山市出土の三角縁神獣鏡の研究

第5図　蛍光X線分析個所と測定結果　A片・B片

三角縁陳氏作四神二獣鏡のX線による調査

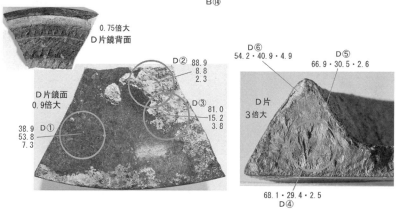

第6図 蛍光X線分析個所と測定結果 B片・D片

第Ⅲ部　東松山市出土の三角縁神獣鏡の研究

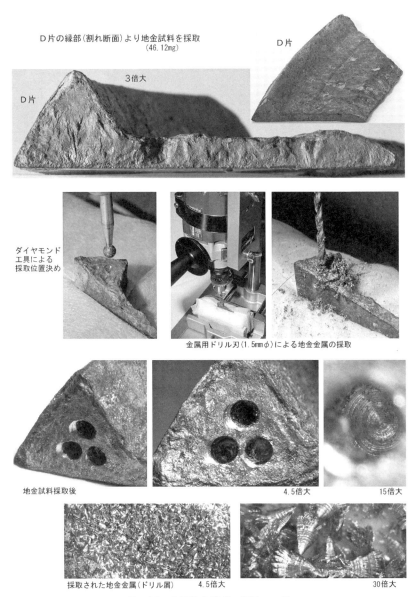

第7図　金属地金試料の採取　D片

三角縁陳氏作四神二獣鏡のX線による調査

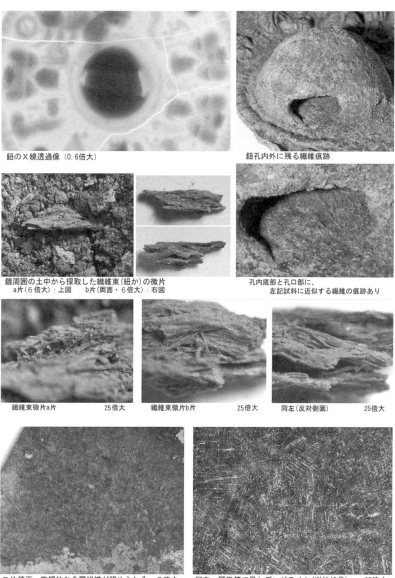

鈕のX線透過像（0.6倍大）　　　　　　　鈕孔内外に残る繊維痕跡

鏡周囲の土中から採取した繊維束（紐か）の微片　　孔内底部と孔口部に、
a片（6倍大）：上図　　b片（両面・6倍大）：右図　　左記試料に近似する繊維の痕跡あり

繊維束微片a片　　25倍大　　繊維束微片b片　　25倍大　　同左（反対側面）　　25倍大

D片鏡面　微視的な金属組織が認められる　2倍大　　同左　顕微鏡で見たデンドライト（樹枝状晶）　35倍大

第8図　鈕孔・繊維微片・金属結晶（デンドライト）

高坂古墳群出土青銅鏡の鉛同位体比分析結果

齋藤　努

はじめに

東松山市教育委員会の依頼により、埼玉県東松山市の高坂古墳群出土青銅鏡について、鉛同位体比の分析を行った結果を報告する。

(1) 資料および分析試料の採取

三角縁陳氏作四神二獣鏡については、破片断面からドリルで金属粉末を採取し、分析用試料とした。

捩文鏡については、鏡面の錆から剝がれたものを小分けして分析用試料とした

(2) 分析方法

採取した試料粉末から高周波加熱分離法で鉛を単離し、鉛100ng相当量をリン酸・シリカゲルとともにレニウム・シングル・フィラメント上に塗布した。表面電離型質量分析装置（Finnigan MAT 262）を用いて、フィラメン

第1表　東松山市高坂古墳群出土青銅鏡の鉛同位体比測定結果

資料番号	資料	分析番号	$^{207}Pb/^{206}Pb$	$^{208}Pb/^{206}Pb$	$^{206}Pb/^{204}Pb$	$^{207}Pb/^{204}Pb$	$^{208}Pb/^{204}Pb$	備考
1	三角縁陳氏作四神二獣鏡	B11801	0.8582	2.1222	18.231	15.645	38.689	破片断面から金属をドリルでサンプリング
2	捩文鏡	B11802	0.8605	2.1279	18.182	15.646	38.689	高坂8号墳No.16、鏡面の錆から剝がれたもの

第Ⅲ部　東松山市出土の三角縁神獣鏡の研究

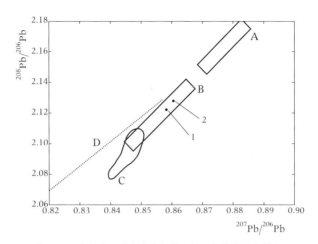

第1図　高坂古墳群出土青銅鏡の鉛同位体比測定結果

ト温度1,200℃で鉛同位体比を測定した（齋藤2001）。

(3) 結　果

第1表・第1図に鉛同位体比測定結果を示した。

馬淵・平尾は弥生時代から平安時代までの多くの青銅器についてデータを蓄積した結果、その鉛同位体比の変遷は下記のようにグループ分けできると報告している（馬淵・平尾1982ab・1983・1987、平尾・榎本1999）。

A：弥生時代に将来された前漢鏡が示す数値の領域で、華北の鉛。弥生時代の国産青銅器の多くがここに入る。

B：後漢・三国時代の舶載鏡が示す数値の領域で、華中〜華南の鉛。古墳出土の青銅鏡の大部分はここに入る。

C：日本産の鉛鉱石の領域。日本産鉛は現在までのところ、飛鳥時代以降の資料にしか見出されていない。

D：多鈕細文鏡や細形銅剣など、弥生時代に将来された朝鮮半島系遺物が位置するライン。

ここでも、これらの領域とともに測定結果をあらわした。測定結果の表示

には通常 $^{207}Pb/^{206}Pb$ 比と $^{208}Pb/^{206}Pb$ 比の関係（a式図）が使用されることが多く、それだけで識別が困難な場合などには、必要に応じて $^{206}Pb/^{204}Pb$ 比と $^{207}Pb/^{204}Pb$ 比の関係（b式図）が併用される。今回の測定結果ではa式図のみで表示を行った。

2資料の測定結果は、いずれもB領域の中に入り、中国の華中～華南産原料が使用されていたと推定される。

引用参考文献

齋藤 努 2001「日本の銭貨の鉛同位体比分析」『国立歴史民俗博物館研究報告』86 65-129頁

平尾良光・榎本淳子 1999「古代日本青銅器の鉛同位体比」『古代青銅の流通と鋳造』平尾良光編 鶴山堂 29-162頁

馬淵久夫・平尾良光 1982a「鉛同位体比からみた銅鐸の原料」『考古学雑誌』68(1) 42-62頁

馬淵久夫・平尾良光 1982b「鉛同位体比法による漢式鏡の研究」『MUSEUM』370 4-12頁

馬淵久夫・平尾良光 1983「鉛同位体比法による漢式鏡の研究（二）」『MUSEUM』382 16-26頁

馬淵久夫・平尾良光 1987「東アジア鉛鉱石の鉛同位体比―青銅器との関連を中心に―」『考古学雑誌』73(2) 199-245頁

東松山市の三角縁神獣鏡

車崎 正彦

「銅鏡百枚」と三角縁神獣鏡

　景初三(239)年十二月、魏帝曹芳は、倭の女王卑弥呼を「親魏倭王」に封じた。その制書の全文が『魏志倭人伝』に引用されていて、卑弥呼に「親魏倭王」の「金印紫綬」を「仮え授ける」とともに、「汝(卑弥呼)が献じるところの貢の直に答えて」「絳地交龍錦五匹、絳地縐粟罽十張、蒨絳五十匹、紺青五十匹」、さらに「又特に」「紺地句文錦三匹、細班華罽五張、白絹五十匹、金八両、五尺刀二口、銅鏡百鏡、真珠・鉛丹各五十斤」を下賜されたことが確かめられる。魏帝の賜物の多くが絹織物だったことも注目すべきだが、ともかく賜物の一つに「銅鏡百枚」がある。正始元(240)年、魏帝の賜物は「皆、装封して、難升米・牛利に付して」倭国にもたらされ、倭王卑弥呼が「録受した」はずである。梱包封印されて運ばれ、目録と照合して受けとる「銅鏡百枚」は、正しく100枚の銅鏡にちがいない。

　はたして、日本の古墳から出土した鏡には、「景初三年」「景初四年」「正始元年」という魏の年号が記された鏡が4種8枚ある。

三角縁景初三年同向式神獣鏡　23.0cm　島根県加茂町神原神社古墳
画紋帯景初三年同向式神獣鏡　23.1cm　大阪府和泉市黄金塚古墳
景初四年龍虎鏡　17.0cm　京都府福知山市広峯15号墳
景初四年龍虎鏡　17.0cm　伝・宮崎県
三角縁正始元年同向式神獣鏡　22.6cm　群馬県高崎市柴崎蟹沢古墳
三角縁正始元年同向式神獣鏡　22.6cm　奈良県桜井市茶臼山古墳
三角縁正始元年同向式神獣鏡　22.6cm　兵庫県豊岡市森尾古墳

旋可五千餘里景初二年六月倭女王遣大夫難
升米等詣郡求詣天子朝獻太守劉夏遣吏將送
詣京都其年十二月詔書報倭女王曰制詔親魏
倭王卑彌呼帶方太守劉夏遣使送汝大夫難升
米次使都市牛利奉汝所獻男生口四人女生口
六人班布二匹二丈以到汝所在踰遠乃遣使貢
獻是汝之忠孝我甚哀汝今以汝爲親魏倭王假
金印紫綬裝封付帶方太守假授汝其綏撫種人
勉爲孝順汝來使難升米牛利涉遠道路勤勞今
以難升米爲率善中郎將牛利爲率善校尉假銀
印青綬引見勞賜遣還今以絳地交龍錦五匹臣松
之以爲地應爲綈漢文帝著皁衣謂之弋綈是也此字不體非魏朝之失則傳寫者誤也絳地縐粟罽
十張蒨絳五十匹紺青五十匹荅汝所獻貢直又
特賜汝紺地句文錦三匹細班華罽五張白絹五
十匹金八兩五尺刀二口銅鏡百枚真珠鉛丹各
五十斤皆裝封付難升米牛利還到錄受悉可以
示汝國中人使知國家哀汝故鄭重賜汝好物也

正始元年太守弓遵遣建中校尉梯儁等奉詔書
印綬詣倭國拜假倭王并齎詔賜金帛錦罽刀鏡
采物倭王因使上表荅謝詔恩其四年倭王復遣
使大夫伊聲耆掖邪拘等八人上獻生口倭錦絳
青縑緜衣帛布丹木𤝔短弓矢掖邪狗等壹拜率
善中郎將印綬其六年詔賜倭難升米黄幢付郡
假授其八年太守王頎到官倭女王卑彌呼與狗
奴國男王卑彌弓呼素不和遣倭載斯烏越等詣
郡說相攻擊狀遣塞曹掾史張政等因齎詔書黄
幢拜假難升米爲檄告喻之卑彌呼以死大作冢
徑百餘步徇葬者奴婢百餘人更立男王國中不
服更相誅殺當時殺千餘人復立卑彌呼宗女壹
與年十三爲王國中遂定政等以檄告喻壹與壹
與遣倭大夫率善中郎將掖邪狗等二十人送政
等還因詣臺獻上男女生口三十人貢白珠五千
孔青大句珠二枚異文雜錦二十匹

第１図　魏志倭人伝（紹興版）

東松山市の三角縁神獣鏡

三角縁正始元年同向式神獣鏡　22.6cm　山口県周南市竹島御家老屋敷(たけしまごかろうやしき)古墳

　この4種8枚は「銅鏡百枚」の一部とみるのがすなおと私は考えるが、そのうち2種5枚が三角縁神獣鏡、2種3枚も三角縁神獣鏡と関係の深い形式の鏡である。中国史書の記録と考古資料の合致はすこぶる大事で、三角縁神獣鏡を魏鏡(ぎきょう)とみなす富岡謙蔵(とみおかけんぞう)以来の説を証拠づける情報とおもう。もっとも、三角縁神獣鏡の製作地については議論が多く、魏晋鏡(ぎしんきょう)と倭鏡(わきょう)があるとみる説、すべて倭鏡とみる説、すべて魏晋鏡とみる説がある。私は、すべて魏晋鏡、製作年代を魏の景初三(239)年から西晋の太康元(せいしんたいこうげん)(280)年まで、その間に倭王(卑弥呼・臺与)が魏・西晋へ朝貢するたびに三角縁神獣鏡が下賜されたと考える。

　その当否はともかく、三角縁神獣鏡が倭王の卑弥呼また臺与から各地の首長へ賜与されたことは、その分布がはっきりと物語っている。魏帝の賜物は、「銅鏡百枚」をふくめて「汝(親魏倭王)の国中の人に示して、国家(魏)が汝を哀(いつく)しむを知らしむべし」ための「好(よ)き物(もの)」である。魏(また西晋)の皇帝と倭王の君臣関係は、魏帝の賜物(たまわりもの)と倭王の貢物(みつぎもの)によって可視化されていた。倭国においても、倭王と地域首長の君臣関係は、倭王の賜物と地域首長の貢物によって視覚的に確認されていたにちがいない。三角縁神獣鏡は、魏の皇帝から倭王へ下賜され、さらに倭王から地域首長へ分賜され、魏晋の帝国的な君臣関係とともに、倭国内の君臣関係を「国中の人に示す」宝器として機能していた、と私は考える。

　あらためていうまでもなく、埼玉県東松山市の高坂神社(たかさかじんじゃ)境内でみつかった三角縁陳氏作四神二獣鏡(さんかくぶちちんししさくししんにじゅうきょう)は、倭王から3世紀の比企(ひき)の首長に賜与された宝器である。それは倭王権の権威の可視化であり、王権に保証された比企の首長の威勢を比企の人々に示す可視的な呪力であったにちがいない。

第Ⅲ部　東松山市出土の三角縁神獣鏡の研究

第2図　高坂神社境内出土の三角縁陳氏作四神二獣鏡

三角縁陳氏作四神二獣鏡

　三角縁神獣鏡とよびならわしている形式は、すこぶる多様な系譜をもつ鏡の集合だから一意に定義することが難しい。むしろ、三角縁神獣鏡の特徴は、漢代の諸形式をさまざまに換骨奪胎して、さまざまなかたちに復古再生している点に見出すべきであろう。三角縁神獣鏡に継承されている漢代の形式は、同向式神獣鏡、環状乳神獣鏡、対置式神獣鏡、画象鏡、龍虎鏡（盤龍鏡）などである。

「銅鏡百枚」の三角縁景初三年同向式神獣鏡（7鏡）は、同向式神獣鏡の内区図紋を継承しながら、画象鏡の外区と三角縁を継承している。いわば、画象鏡の額縁におさめられた同向式神獣鏡の絵画である。外区と内区の境の斜面が無紋であるのは、画象鏡の継承であれば当然のことである。しかし、すぐ、画紋帯景初三年同向式神獣鏡の要素が複合され、三角縁正始元年同向式神獣鏡（8鏡）の外区と内区の境の斜面には鋸歯紋があらわされ、この特徴が古段階の三角縁神獣鏡に踏襲される。複雑に錯綜する要素の継承のありかたは、三角縁神獣鏡の変遷を読み解く大事な手がかりだが、その解読は今後の課題である。

　ここでは、高坂神社境内で見つかった三角縁陳氏作四神二獣鏡（以下、高坂鏡と記す）と類似の要素をもつ鏡を俎上にのせて少し検討して、その位置づけを考える一助としたい。

　高坂鏡は、小林行雄による神獣像配置の分類では配置H（四神二獣形式）、岸本直文による神獣像表現の分類では陳氏作鏡群の表現⑧に属する。ただ、表現⑧の獣は虎頭にあらわすのが一般だが、高坂鏡の二獣は、二角の龍頭（第1図上段）と無角の虎頭（第1図下段）に描き分けられている。この点を重視すれば、高坂鏡は、表現⑧のなかでも古く位置づけられる。表現⑧に属する三角縁神獣鏡は、高坂鏡のほか、次に列記する11種が知られ、そのうち5種（16鏡・17鏡・82鏡・85鏡・86鏡）が配置Hの四神二獣形式である。

1鏡　画象紋帯龍虎鏡　24.9cm　群馬県富岡市北山茶臼山古墳他
13鏡　陳氏作神獣車馬鏡　21.9cm　群馬県藤岡市三本木古墳他
14鏡　陳氏作神獣車馬鏡　26.0cm　岡山県岡山市湯迫車塚古墳他
15鏡　陳氏作神獣車馬鏡　25.7cm　滋賀県野洲市大岩山古墳
16鏡　陳是作四神二獣鏡　22.1cm　神奈川県平塚市真土大塚山古墳他
17鏡　吾作四神二獣鏡　22.3cm　大阪府柏原市国分茶臼山古墳
54鏡　吾作四神三獣一薫炉鏡　20.0cm　京都府南丹市園部垣内古墳
61鏡　陳氏作六神三獣鏡　21.9cm　奈良県河合町佐味田宝塚古墳他
82鏡　陳氏作四神二獣鏡　21.8cm　滋賀県野洲市古富波山古墳他

第Ⅲ部　東松山市出土の三角縁神獣鏡の研究

85鏡　波紋帯四神二獣鏡　21.9cm　岐阜県各務原市一輪山古墳他
86鏡　波紋帯四神二獣鏡　21.6cm　熊本県八代郡

　配置H（四神二獣形式）は、表現⑤の83鏡（根津美術館蔵）を除けば、表現⑧に集中する。念のため言い添えておくと、16鏡と85鏡は表現④とみる説があり、86鏡は獣を龍頭にあらわす点で表現⑥・表現⑦と類似している。ともかく、波紋帯鏡群の85鏡・86鏡は、表現⑧のなかで新しく位置づけられる。

　対置式の配置U（六神四獣形式）から、配置A'（六神四獣形式）をへて配置A（四神四獣形式）へ変化したと想定するならば、配置A'（六神三獣形式）の61鏡は、表現⑧のなかで古く位置づけられる。高坂鏡が属する配置H（四神二獣形式）は、この対置式からの変化とともに、画象鏡の配置を継承する配置X（神獣車馬形式）の13鏡の影響も同時にうけて成立した、と私は考える。

　配置H（四神二獣形式）に継承された画象鏡の要素は、82鏡の車輪圏座乳、獣の背上にあらわされた「甫」の榜題もある。82鏡の虎の顔の右脇に鋸歯紋と雲気紋で構成される珍しい図紋があり、同じ図紋が高坂鏡の虎の右脇にもあらわされている（第1図下段右上）。高坂鏡と82鏡は、新納泉が3式に分類する旋節紋をあらわす点も類似し、銘文もふくめてきわめて密接な関係にある。しかも、高坂鏡の獣が顔を真横に向ける龍・虎に描き分けられ、82鏡の獣が顔を正面に向ける虎頭になる点からいえば、高坂鏡の方がより古く位置づけられる。

　高坂鏡の獣は鬣を顎前に長く垂れ、表現④に属する配置Ⅰ（三神二獣形式）の87鏡・88鏡と類似する。配置Ⅰ（三神二獣形式）は二神二獣形式の画象鏡の継承だから、87鏡と高坂鏡の関係は画象鏡の継承を理解するうえでも興味深い。

　高坂鏡の西王母の脇に侍る神仙は、頬杖をついて耳を側てる鐘子期の姿にあらわされている（第1図中段右上）。本来ならば伯牙の弾琴像と組み合うはずの鐘子期が西王母の脇に移されているのは、対置式の配置Uから配置A'への変化で、南・北の神仙が東・西へ移動されたからであろう。

東松山市の三角縁神獣鏡

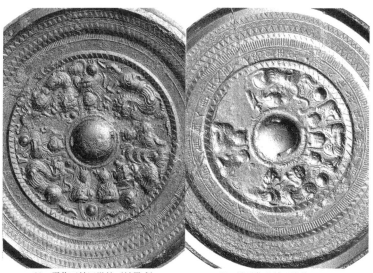

28 吾作五神四獣鏡（対置式）
京都・椿井大塚山　21.9cm
配置 U　表現①　形態 A

61 陳氏作六神三獣鏡
奈良・佐味田宝塚　21.9cm
配置 A'　表現⑧　形態 B2

13 陳氏作神獣車馬鏡
山梨・銚子塚　22.1cm
配置 X　表現⑧　形態 G

82 陳氏作四神二獣鏡
滋賀・古冨波山　21.8cm
配置 H　表現⑧　形態 G

第3図　三角縁神獣鏡

第Ⅲ部　東松山市出土の三角縁神獣鏡の研究

高坂鏡の銘文は、次のとおりである。

陳氏作竟甚大好　　陳氏の鏡を作るに、甚（まこと）に大いに好（よろ）し。
上有戯守及龍虎　　上に戯（たわむ）れる獣、及び龍・虎有り。
身有文章口銜巨　　身に文章有り、口に巨（維綱）を銜（は）む。
有聖人東王父□母　【古（いにしえ）に】聖人有り、東王父・【西】王母なり。
渇飲玉泉食棗　　　渇（かわ）きては玉泉を飲み、【飢えては】棗（なつめ）を食らう。

　脚韻（きゃくいん）は、幽部の「好」「棗」と之部の「母」が叶韻（コウ・ソウ・ボウ　きょういん）し、魚部の「虎」「巨」が合韻する。第4句の欠字は「王」であろう。第4句の「古」、第5句の「飢」が脱落する。第2句の「守」は獣の仮借、戯獣の図紋は仙人と戯れる龍虎で、立姿の仙人が龍の角をにぎり（第1図上段）、跪（ひざまず）く仙人が虎の尾をつかむ（第1図下段）。

　この書式の銘文は、陳氏作鏡群の表現⑥・表現⑦・表現⑧・表現⑨にあらわされ、第2句の「戯守（獣）」と「神守（獣）」で大きく2群に分かれる。「戯守」とあらわすのは、表現⑧の61鏡・82鏡、表現⑥の58鏡がある。いっぽう、「神守」とあらわすのは、表現⑦の25鏡・26鏡・32鏡・67鏡、表現⑥の59鏡、表現⑨の62鏡、さらに第2句に「上有仙人不知老（上に仙人有り、老いを知らず）」を挿入する表現⑥の52鏡、表現⑦の32-33鏡がある。

　「神守」とあらわす銘文は表現⑥・表現⑦に多い。表現⑦は「吾作明竟（鏡）」で始まるのが通則で、表現⑥の52鏡・59鏡は「陳是作竟」、表現⑨の62鏡は「張是作竟」、しかもいずれも高坂鏡と文字遣いがやや異なっている。

　当然といえば当然のことながら、高坂鏡と文字遣いまで一致しているのは、同じ表現⑧に属する61鏡と82鏡である。61鏡は配置A'（六神三獣形式）、82鏡は配置H（四神二獣形式）、その銘文は次のごとくである。

61鏡　陳氏作竟甚大好　上有戯守（獣）及龍虎　身有文章口銜巨　古有聖人東王父西王母　渇飲玉泉

82鏡　陳氏作竟甚大好　上有戯守（獣）及龍虎　身有文章口銜巨　古有聖人王父

母　渇飲玉泉食棗

　なお、「戯守」とあらわす58鏡は、表現⑥の配置A'（六神四獣形式）で、第1句の「陳是作竟（きょう）」と第5句の「玉㵄（せん）」の文字遣いが高坂鏡と異なる。

58鏡　陳是作竟甚大好　上有戯守及龍虎　身有文章口銜巨　古有聖人東王
　　　父　渇飲玉㵄飢食棗

　「戯守」は「神守」の変形とみるのがすなおであろう。その点で興味深いのは表現⑥で、配置A'（五神四獣形式）の59鏡は「神守」、配置A'（六神四獣形式）の58鏡は「戯守」とあらわしている。

　こうした類似のネットワークは第4図のように整理でき、高坂鏡は表現⑧のなかでも61鏡・82鏡と類似が大きく、あえて製作順序をいえば61鏡→高坂鏡→82鏡とみるのが穏当であろう。ともあれ、高坂鏡は、倭王臺与の正始八（247）年または嘉平三（かへい）（251）年の朝貢にたいする魏帝の賜物で、朝貢の翌年に倭王のもとにもたらされ、ほどなく比企の首長に分賜された、と私は考える。

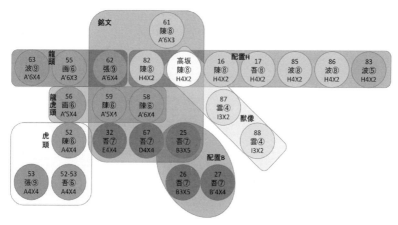

第4図　高坂鏡の類似のネットワーク

第Ⅲ部　東松山市出土の三角縁神獣鏡の研究

関東の魏晋鏡

最後に、関東出土の魏晋鏡を列挙しておく。

埼玉県　　東松山市高坂　　三角縁陳氏作四神二獣鏡　　22.0cm
　　　　　朝霞市一夜塚(いちやづか)古墳　博局紋八鳳鏡(はっきょくもんはちほう)　9.3cm
群馬県　　富岡市北山茶臼山古墳　三角縁画象紋帯龍虎鏡　24.9cm
　　　　　富岡市北山茶臼山西古墳　博局紋四神鏡　15.9cm
　　　　　藤岡市三本木(さんぼんぎ)古墳　三角縁陳氏作神獣車馬鏡　21.9cm
　　　　　　　　　　　　　　　　　三角縁張氏作三神五獣鏡　22.6cm
　　　　　　　　　　　　　　　　　三角縁陳是作四神四獣鏡　22.0cm
　　　　　高崎市柴崎蟹沢古墳　三角縁正始元年同向式神獣鏡　22.0cm
　　　　　　　　　　　　　　　三角縁獣紋帯三神三獣鏡　21.9cm
　　　　　高崎市本郷大塚(ほんごうおおつか)古墳　円圏珠紋帯連弧紋鏡(えんけんしゅもんたいれんこもん)　12.3cm
　　　　　玉村町川井稲荷山(かわいいなりやま)古墳　三角縁獣紋帯(じゅうもんたい)四神四獣鏡　22.5cm
　　　　　玉村町軍配山(ぐんばいやま)古墳　円圏珠紋帯連弧紋鏡　16.1cm
　　　　　前橋市天神山(てんじんやま)古墳　三角縁獣紋帯五神四獣鏡　22.5cm
　　　　　　　　　　　　　　　　　三角縁獣紋帯四神四獣鏡　21.7cm
　　　　　　　　　　　　　　　　　二禽二獣画象鏡(きん)　18.5cm
　　　　　太田市頼母子(たのもし)古墳　三角縁波紋帯龍虎鏡　21.7cm
　　　　　　　　　　　　　　　　　三角縁吾作三神五獣鏡　22.6cm
　　　　　板倉町赤城塚(あかぎづか)古墳　三角縁獣紋帯三仏一神四獣鏡　23.1cm
栃木県　　小山市桑(くわ)57号墳　博局紋八鳳鏡　8.9cm
茨城県　　結城市林愛宕塚(はやしあたごづか)古墳　博局紋八鳳鏡　9.3cm
　　　　　つくば市桜(さくら)塚古墳　四獣鏡　13.5cm
　　　　　水戸市大場天神山(おおばてんじんやま)古墳　三角縁波紋帯神獣鏡　22.0cm
　　　　　大洗町鏡(かがみ)塚古墳　四獣鏡　13.2cm
神奈川県　厚木市戸田小柳(とだこやなぎ)遺跡　位至三公銘双雲紋鏡(いしさんこうそううんもん)　9.1cm
　　　　　平塚市真土大塚山古墳　三角縁陳是作四神二獣鏡　22.1cm

東松山市の三角縁神獣鏡

	伝・相模　円圏珠紋帯連弧紋鏡　12.3cm
	伝・相模　位至三公銘双雲紋鏡　9.3cm
	川崎市加瀬白山古墳　三角縁獣紋帯四神四獣鏡　22.4cm
千葉県	千葉市七廻塚古墳　雲紋鏡　10.3cm
	市原市草刈24号墳　獣鳳紋鏡　11.2cm
	市原市富士見塚古墳　博局紋八鳳鏡　9.1cm
	木更津市手古塚古墳　三角縁獣紋帯三神三獣鏡　23.9cm
	香取市城山1号墳　三角縁吾作三神五獣鏡　22.6cm
	香取市多古台8号墳　博局紋八鳳鏡　10.5cm

　関東出土の魏晋鏡は、三角縁神獣鏡が18枚、他形式の鏡が16枚である。大型の三角縁神獣鏡はほとんど魏鏡で、手古塚鏡だけ西晋鏡である。いっぽう、他形式の中・小型鏡は、魏鏡6枚、西晋鏡10枚で、倭王権から関東の首長に下賜される鏡が小型化していく傾向を読みとれる。とくに群馬県は、三角縁神獣鏡13枚をふくめ魏鏡が17枚も出土しながら、西晋鏡を1枚も見出せない。また、関東には大型の倭鏡がほとんどないことも、大型の魏鏡から小型の西晋鏡への延長上に理解できる、と私は考える。この背景に倭王権の政略の変化があったことはいうまでもない。

　ここで言い添えておくならば、高坂8号墳の捩紋鏡（7.9cm）は小型鏡とはいえ、4世紀の比企の首長も倭王権から十分に信任されていた証であろう。むしろ、長坂聖天塚古墳の方格規矩鳥紋鏡（22.5cm）には、4世紀の児玉の首長にたいする倭王権の異例の恩寵を読みとることができる、と私は思う。

第Ⅲ部　東松山市出土の三角縁神獣鏡の研究

第5図　関東の魏晋鏡

おわりに

　三角縁神獣鏡の発見は全国でこれまでに約560枚に及ぶとされている。そうしたなか、平成23年の10月に埼玉県では初となる三角縁神獣鏡が東松山市高坂で発見され、東松山市市制施行60周年（平成26年度）を機に、「三角縁神獣鏡と3～4世紀の東松山」と題してシンポジウムが開催された。本書はその記録集として刊行するものである。

　本書の第Ⅰ部では、シンポジウムでの菅谷文則先生の記念講演「古墳出土の鏡から歴史を考える」を、発表要旨資料ではなくあえてテープ起こし原稿で掲載をさせていただいた。先生の人柄や考え方がストレートに表現されていると考えたからである。また今回の三角縁神獣鏡発見の意義については、上野祥史先生からは「東アジア（中国）と古墳時代社会（日本列島）、東国地域社会（武蔵比企）の三つの視点から」、北條芳隆先生からは「経済活動や古墳築造企画の視点から」、坂本和俊先生からは「弥生時代後期から古墳時代前期にかけての周辺遺跡の現状から」とそれぞれ当日の発表要旨に加筆・修正したものを掲載させていただいた。

　第Ⅱ部の討論の記録では、パネルディスカッションとして各先生の自説の立場から議論が展開され、会場の聴衆の方からは久しぶりに白熱した議論を聞いて非常に満足したとの声を後から耳にした。そうした議論を引き出していただいたコーディネーターの車崎正彦先生に感謝いたしたい。

　本書を通し、東松山という武蔵国内陸部から発見された「鏡」に、当地域の古墳時代の始まりの姿が少しでも映し出すことができたとすれば、幸いである。

　発見された三角縁神獣鏡については、隣接する高坂8号墳（前方後方墳）からの出土の有無も含め、未だ調査検討しなければならない課題が残されている。これからはその出自の解明に努めていくことが急務と考えている。

　最後に、記録集刊行にあたりシンポジウム参加の諸先生方をはじめ、多くの方々にお世話になりました。また、六一書房の考古学リーダーのシリーズ

おわりに

本の一つとして刊行することを提案していただいた八木環一会長、編集を担当していただいた水野華菜さんには、大変お世話になりました。文末ながら記して感謝申し上げます。

平成 29 年 3 月
宮 島 秀 夫

付録 1　埼玉県弥生・古墳時代出土鏡集成

鏡No.	鏡式名	遺存度・面径	銘文	出土年	所蔵・保管者	出土遺跡	所在地	遺跡	遺構	遺構の年代	伴出遺物	備考
1	三角縁陳氏作四神二獣鏡（魏鏡）	ほぼ完形 22.0cm	陳氏作竟甚大好 上有数守及龍虎 身有聖人有章口衛巨 有章口衛巨 東王父□母 渇飲玉泉食棗	2012年	東松山市	高坂古墳群	東松山市高坂三番町他	古墳？	不明	不明	なし	
2	珠文鏡（倭鏡）	完形 7.9cm	なし	2012年	東松山市	高坂8号墳	東松山市高坂三番町	前方後方墳	竪穴系埋葬施設	古墳前期 4C	装身具（管玉・勾玉）、工具（鉄鏃）	
3	内行花文鏡（倭鏡）	ほぼ完形 6.1cm	なし	2007年	東松山市	反町遺跡	東松山市あずま町	集落・古墳	123号住居	古墳前期		住居に伴するものではない
4	内行花文鏡（倭鏡）	欠損 10.5cm	なし	昭和以降	個人蔵	（伝）天神山古墳	東松山市大字柏崎	前方後方墳（長約60m）	竪穴式石室？	古墳前期 4C	銅剣	
5	六鈴五獣形鏡（倭鏡）	完形 10.9cm	なし	1804～1817年	不明	庚塚	東松山市大字柏谷字庚塚	古墳	不明	古墳後期		
6	珠文鏡（倭鏡）	欠損 6.1cm	なし	1910年	東京国立博物館	柏崎古墳群	東松山市大字柏崎字小隙134（天神山古墳か？）	不明	不明	古墳時代	装身具（硬玉勾玉1・瑪瑙勾玉1・碧玉管玉2・ガラス小玉6）	
7	二神二獣形鏡（倭鏡）	破損	なし	1998年	埼玉県埋蔵文化財調査事業団	大木前遺跡	比企郡嵐山町大字越畑字大木前	集落	住居	平安時代 9C前半		
8	鼉龍鏡（倭鏡）	完形 13.4cm	なし	1962年	個人蔵	三変稲荷神社古墳	川越市小仙波4-9	方墳（辺25m）	不明	古墳前期	碧玉製品（石釧1）	
9	孔文鏡（倭鏡）	完形 8.65cm	なし	1962年	國學院大學高等学校	どうまん塚古墳	川越市大字下小坂	円墳（径24.5m）	粘土槨（組合式木棺）	古墳後期 6C前半	装身具（滑石白玉162・工具（鉄鏃1・鉄斧1・砥石1)、武器（鉄鏃2束）、武具（挂甲1）、馬具（鞍付曹1・剣付変形石葉・板付曹1・剣付変形杏葉・	

177

	鏡種	形状		出土年	所有者	出土古墳	墳形	埋葬施設	時期	副葬品
10	珠文鏡(倣鏡)	完形 7.4cm	なし	1961年	東洋護謨化学工業株式会社	下小坂3号墳	円墳 (径30m)	粘土槨 (舟形木棺)	古墳後期 6C初頭	3・辻金具1・十字形留金具2・鉸具3・尾錠1・その他(鏡箙残片・麻布)
11	珠文鏡(倣鏡)	完形 7.8cm	なし	1957年	個人蔵	三福寺1号墳(入西石塚古墳)	前方後円墳 (長36~40m)	木棺直葬	古墳後期 6C前半	装身具(鉄刀1・馬具・円形鏡板付轡1・辻金具3・鉸具2) 武器(鉄刀1・鉄鉾1・鉄鏃1・平根式長頸鉄鏃2・尖根式長頸鉄鏃20以上)、武具(挂甲・衝角付冑?1式)
12	孔文鏡(倣鏡)	完形 8.9cm	なし	1957年	個人蔵	三福寺1号墳(入西石塚古墳)	前方後円墳 (長36~40m)	木棺直葬	古墳後期 6C前半	武器(鉄刀1・鉄鉾1・大形平根式鉄鏃2・尖根式長頸鉄鏃20以上)、武具(挂甲・衝角付冑?1式)
13	内行花文鏡(倣鏡)	不明		不明	不明	大類古墳群	古墳	埋葬施設	古墳後期	遺物なし(鏡のみ)
14	方格規矩鳥文鏡	完形 22.5cm	なし	1974年発掘	美里町教育委員会	長坂聖天塚古墳第1埋葬施設	円墳 (径50m)	粘土槨 (割竹形木棺)	古墳中期 4C末~5C初	装身具(玉・鈴釧・金環・銅環・琥珀玉・滑石製勾玉)、生産用具(紡錘車)、武器(鑽)
15	六神頭鏡(倣鏡)	完形 11.2cm	なし	1974年発掘	美里町教育委員会	長坂聖天塚古墳第6埋葬施設	円墳 (径50m)	木棺直葬 (割竹形木棺)	古墳中期 4C末~5C初	装身具(飾)、武器(鉄剣・鉄刀子)、その他(滑石製有孔円板) その他(滑石製刀子・鉄片)

	鏡種	完形	銘文	出土年	所蔵	古墳名	形状	埋葬施設	時期	装身具	備考
16	珠文鏡(倣鏡)	完形 6.08cm	なし	1982年	埼玉県立歴史と民俗の博物館	前組沼根倉字新里2号墳(表面採集)	児玉郡神川町大字新里字前組2022-81(坂本和俊氏採集)方墳(辺6.5m)	木棺直葬	古墳前期4C	装身具(勾玉1・碧玉管玉3)	
17	五鈴乳文鏡(倣鏡)	12.7cm	なし	不明	メトロポリタン美術館	新里古墳(青柳古墳群)	児玉郡神川町大字新里	不明	古墳後期		
18	十鈴五獣形鏡(倣鏡)	完形 19.5cm	なし	昭和以降	長静総合博物館	(伝)生野山古墳群	本庄市児玉町上生野・下生野	埋蔵施設	古墳時代		群馬県邑楽郡大泉町小泉の古墳出土伝え。
19	神人歌舞画像鏡(劉未鏡)	完形 20.0cm	高方作竟自有紀 夫不羊宜古市 上有東王父西王母 陽遂多孫子兮	1844～1847年	不明	秋山古墳群	本庄市大字秋山字塚原	不明	古墳時代		現物なし(拓本のみ)
20	珠文鏡(倣鏡)	8.0cm	なし	1932年	不明	四十坂古墳群	深谷市大字岡部字四十坂1172	円墳	礫槨	古墳後～後期5C後半	装身具(釧・小玉・白玉)、武器(鉄鏃・鉄刀)、工具(鉄斧)、武具(挂甲板鋲留短甲1)、馬具(五鈴鏡板付轡・鈴付轡鏡板付轡・鈴付杏葉)
21	六獣形鏡(倣鏡)	完形 12.4cm	なし	不明	埼玉県立さきたま史跡の博物館	中条古墳群(伝)鎧塚古墳	熊谷市大字中条	埋葬施設	古墳後期?	装身具(ガラス小玉29)、武器(鉄刀1)	
22	内行六花文鏡(倣鏡)	ほぼ完形 7.74cm	なし	1999年	埼玉県埋蔵文化財調査事業団	北島遺跡第2号墳	熊谷市大字上川土地内	円墳	周溝	古墳後期6C前半	周溝隆積部・円筒埴輪・形象埴輪多数・土師器(高坏・壺)・須恵器(はそう・高台付椀・甕)
23	重圏文鏡(倣鏡)	7.3cm	なし	1878年	不明(根岸武香旧蔵)	熊谷船木山古墳	熊谷市大字胄山字船木山下	不明	不明		現物なし(勾玉・須恵器模造品・土師器、紡錘車)、土師器、恵器

No.	鏡式	完形	銘文	年	所蔵	古墳名	所在地	墳形(長)	槨榔(舟形木棺)	時期	副葬品	備考
24	画文帯環状乳四神四獣鏡(倣製鏡)	完形 15.5cm	吾作明竟 周刻無祀 白牙作楽 百精安存 官貴安楽 富貴番昌 子孫番昌 曾年益壽 共師命長 幽□三商 配像萬疆 □□□□ 天獸四守 子孫番昌 共師命長	1968年	埼玉県立さきたま史跡の博物館	埼玉稲荷山古墳	行田市大字埼玉	前方後円墳(長120m)	舟形木棺	古墳後期 5C後葉	装身具(銀環1対・金銅製帯金具1組)・生産用具(鉄斧2・鉗子1・鉄鉇1・鉄斧2・鑢子1・砥石1)、武器(辛亥銘鉄剣1・鉄剣2・鉄刀5・鉄鉾2、鉄鏃174)、武具(挂甲1領)、馬具(f字鏡板付轡1・木心鉄板飾轡1対・鉸具3・鞍金具1式、鈴杏葉3・三環鈴1・棄珠1)	硬玉勾玉1・
25	四獣形鏡(倣鏡)	完形 11.6cm	なし	1916年	東京国立博物館	大稲荷古墳	行田市大字埼玉字中郷	円墳	不明	古墳後期 5C後葉	装身具(管玉3・銅釧)、武器(鉄刀1・鹿角装刀子1)	
26	孔文鏡(倣鏡)	完形 8.5cm	なし	1916年	東京国立博物館	大稲荷古墳	行田市大字埼玉字中郷	円墳	不明	古墳後期 5C後葉	装身具(管玉3・銅釧)、武器(鉄刀1・鹿角装刀子1)	
27	内行六花文鏡(倣鏡)	完形 12.5cm	擬銘	1951年	埼玉県立さきたま史跡の博物館	若王子古墳群?	行田市大字埼玉	不明	不明	不明		耕地整理中の発見
28	孔文鏡(倣鏡)	完形 7.6cm	なし	1894年	東京国立博物館	将軍山古墳	行田市大字埼玉	前方後円墳(長90m)	横穴式石室	古墳後期 6C後半	装身具(金平玉35・銀丸玉2・ガラス小玉多数・金環1・金環2)、装大刀(環刀大刀1・銀製大刀6・鉄鏃多数・銀装刀子1・水晶製三輪玉)、武具(挂甲1・横矧板鋲留式衝角付冑1・馬胄1・蛇行状鉄器2)、馬具(楽環鏡板付轡1・金銅製杏葉7・輪鐙2・八角鐃鈴2)	

29	方格四獣形鏡 (倭鏡)	完形 13.5cm	なし	明治末	宗教法人御室神社	宮西塚古墳	加須市大字上樋遣川字宮の下	円墳？	横穴式石室？	古墳後期 6C中葉	装身具（ガラス小玉9）、武器（鉄刀片1）、馬具（鉄地金銅張鐘形鏡板付轡1・鉄地金銅張壺鐙2葉3・鉄地金銅張辻金具4）、その他（円筒埴輪・形象埴輪）舌付銅鈴3他、石製品（石製盤1）、土器（須恵器無蓋高坏1）、その他（有蓋脚付銅鋺1・銅鋺2）
30	内行花文鏡 (弥生倭鏡)	約1/3 7.6cm	なし	1994年	さいたま市教育委員会	三崎台遺跡（A-239号遺跡）	さいたま市大字片柳字三崎台		集落	弥生後期	
31	孔文鏡 (倭鏡)	完形8.0cm	なし	1988年	さいたま市教育委員会	白鍬宮腰遺跡2号墳	さいたま市大字白鍬字宮腰	円墳（径12.4m）	粘土槨（組合式木棺）	古墳後期 6C初頭	装身具（碧玉勾玉1・管玉2・ガラス丸玉1）、生産用具（滑石製紡錘車1・土製紡錘車1）、武器（鉄鏃数本・鉄刀1・小刀1）
32	五鈴鏡 (倭鏡)	破片 8.0cm	なし	1994年	埼玉県埋蔵文化財調査事業団	新屋敷60号	鴻巣市大字新屋敷東	帆立貝形古墳 方後円墳（長42.5m）	不明	古墳後期 5C後葉	武器（刀子・鉄刀）、鉄鏃、鎌、鉇先、鉄製鋤、滑石製紡錘車、陶質紡錘車、須恵器（はそう・高坏・甕・壺）、土師器（坏・鉢・甕）、朝顔形埴輪、円筒埴輪、形象埴輪
33	方格T字鏡 (西晋鏡)	完形 9.3cm	なし	1943年	朝霞市教育委員会	一夜塚古墳	朝霞市大字岡	円墳（径50m）	木炭槨	古墳後期 6C	装身具（勾玉）、馬具、武具（挂甲）、(蜻珠)
34	珠文鏡 (倭鏡)	5.9cm	なし	昭和初期	個人蔵	午王山遺跡（表面採集）	和光市大字新倉字午王山	方形周溝墓？	埋葬施設？	古墳前期？	

35	四獣形鏡（倭鏡）	完形9.4cm	なし	1935年	個人蔵	江川山古墳（稲荷山古墳）	上尾市大字畔吉字八幡	古墳	不明	古墳前期4C後半	装身具（碧玉管玉2）、武器（鉄刀1・鉄剣1）、土器（土師器高坏3・甕1）	
36	捩文鏡（倭鏡）	完形11.1cm	なし	1935年	個人蔵	江川山古墳（稲荷山古墳）	上尾市大字畔吉字八幡	古墳	不明	古墳前期4C後半	装身具（碧玉管玉2）、武器（鉄刀1・鉄剣1）、土器（土師器高坏3・甕1）	
37	不明	不明		1907年頃	不明	氷川神社	富士見市水子山王坂	古墳？	不明	古墳時代	玉類、鉄刀	現物なし
38	不明	不明		不明	不明	大塚稲荷古墳	児玉郡神川町大字池田字菖蒲	円墳（径40m）	横穴式石室	古墳時代	装身具（勾玉）、武器、鉄刀	現物なし
39	不明	不明		不明	不明	楓山古墳	熊谷市大字箕輪字楓山	前方後円墳？	埋葬施設？	古墳後期5C末～6C前半	装身具（勾玉）、馬具（雲珠）、土師器、その他（滑石製鏡・滑石製刀子・土鈴）、馬形埴輪	
40	不明	不明		1608年	不明	甲山古墳	熊谷市大字冑山字膝木山	円墳（径97m）	横穴式石室？	古墳後期6C	装身具（玉）、武器（甲冑）、人物の乗る馬形埴輪	現物なし
41	不明	不明		1826年	不明	平塚新田古墳	熊谷市大字塚新田	古墳	横穴式石室	古墳後期	埴輪	現物なし
42	不明	不明		不明	不明	不明	深谷市大字岡部字当後	円墳	不明	古墳後期？	武器（鉄鏃68・鉄刀2・鉾1）、武具（五鈴杏葉5）、馬具（五鈴杏葉2・三鈴付鐙）	現物なし

1. 三角縁陳氏作四神二獣鏡
 （高坂古墳群）

2. 捩文鏡（高坂8号墳）

3. 内行花文鏡
 （反町遺跡）

4. 内行花文鏡
 （伝天神山古墳）

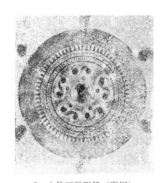

5. 六鈴五獣形鏡（庚塚）

6. 珠文鏡（柏崎古墳群）

各写真 No. は集成表に対応

7. 二神二獣形鏡(大木前遺跡)

8. 夔龍鏡(三変稲荷神社古墳)

9. 乳文鏡(どうまん塚古墳)

10. 珠文鏡(下小坂3号墳)

11. 珠文鏡(三福寺1号墳)

12. 乳文鏡(三福寺1号墳)

14. 方格規矩鳥文鏡
（長坂聖天塚古墳第1埋葬施設）

15. 六神頭鏡
（長坂聖天塚古墳第6埋葬施設）

16. 珠文鏡
（前組羽根倉第2号墳）

17. 五鈴乳文鏡（新里古墳）

19. 神人歌舞画像鏡
（秋山古墳群）

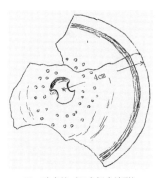

20. 珠文鏡（四十坂古墳群）

21. 六獣形鏡（中条古墳群）

22. 内行六花文鏡
（北島遺跡第2号墳）

23. 重圏文鏡（熊谷市船木山下）

24. 画文帯環状乳四神四獣鏡
（稲荷山古墳）

25. 四獣形鏡（大稲荷古墳）

27. 内行六花文鏡（行田市）

28. 乳文鏡（将軍山古墳）

29. 方格四獣形鏡
（宮西塚古墳）

30. 内行花文鏡（三崎台遺跡）

31. 乳文鏡
（白鍬宮腰古墳第2号墳）

33. 方格T字鏡（一夜塚古墳）

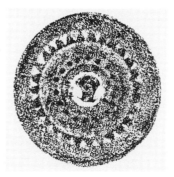
34. 珠文鏡（伝午王山遺跡）

35. 四獣形鏡（江川山古墳）　　　　36. 捩文鏡（江川山古墳）

集成にあたっては、車崎正彦氏、坂本和俊氏からご協力をいただいた。
本集成表は、各報告書より転載させていただいている他、以下の文献を参考に作成した。

国立歴史民俗博物館 1994 共同研究「日本出土鏡データ集成」 国立歴史民俗博物館
埼玉県教育委員会『埼玉県埋蔵文化財発掘調査要覧』・『埼玉県埋蔵文化財調査年報』
塩野 博 2002「埼玉県出土の銅鏡 ―古墳時代を中心として―」『紀要』埼玉県立博物館
塩野 博 2004『埼玉の古墳』さきたま出版会

付録2 埼玉県古墳時代前期墳墓集成

No	遺跡名	所在地	墳形	墳長 (m)	主体部	備考
1	根岸稲荷神社古墳	東松山市	前方後方墳	25以上		吉ケ谷式弥生土器/五領式土器供伴
2	天神山古墳	東松山市	前方後方墳	55以上		内行花文鏡・鉄釧出土
3	諏訪山29号墳	東松山市	前方後方墳	53		焼成前底部穿孔土器・大廓式土器出土
4	諏訪山古墳	東松山市	前方後円墳	68		
5	高坂8号墳	東松山市	前方後方墳	推30以上	竪穴系	主体部：捩文鏡・ヤリガンナ・管玉・勾玉出土 周溝：焼成後底部穿孔土器出土
6	毛塚1号墳	東松山市	前方後方墳	25以上	竪穴系	主体部：周溝検出　周溝より土師器出土
7	下道添遺跡2号墓	東松山市	前方後方形周溝墓	推22	不明	焼成前底部穿孔土器出土
8	古凍13号墳	東松山市	墳丘・円－円溝外周方形	28	不明	焼成前底部穿孔土器（円・方形）
9	野本将軍塚古墳	東松山市	前方後円墳	115	竪穴系ヵ	時期設定には諸説あり、未確定
10	山の根古墳	吉見町	前方後方墳	55		
11	山の根2号墳	吉見町	方墳	辺25	不明	
12	三ノ耕地遺跡1号墓	吉見町	前方後方形周溝墓	49	不明	
13	三ノ耕地遺跡2号墓	吉見町	前方後方形周溝墓	30	不明	
14	三ノ耕地遺跡3号墓	吉見町	前方後方形周溝墓	推25	不明	
15	三変稲荷神社古墳	川越市	方墳	25		
16	権現山2号墳	ふじみ野市	前方後方墳	35		
17	中耕遺跡SZ42	坂戸市	前方後方形周溝墓	28.5	不明	
18	広面遺跡SZ21	坂戸市	前方後方墳	13	不明	
19	鷺山古墳	本庄市	前方後方墳	60		
20	北堀前山1号墳	本庄市	前方後円墳	70以上		
21	北堀新田前2号墓	本庄市	前方後方形周溝墓	29	不明	焼成前底部穿孔土器出土
22	北堀新田前3号墓	本庄市	前方後方形周溝墓	推28	不明	焼成前底部穿孔土器出土
23	下野堂10号	本庄市	方形周溝墓	辺24		周溝から完形の石釧出土
24	南志度川遺跡4号墳	美里町	前方後方形周溝墓	25	不明	
25	村後遺跡周溝墓	美里町	前方後方形周溝墓	23.5	不明	
26	塚本山14号墳	美里町	前方後方墳	21		
27	塚本山33号墳	美里町	前方後方墳	18		
28	羽黒山8号墳	美里町	円墳	41		
29	長坂聖天塚古墳	美里町	円墳	50	粘土槨他	方格規矩鏡・獣形鏡出土
30	川輪聖天塚古墳	美里町	円墳	38	粘土槨ヵ	壺形埴輪出土
31	前組羽根倉第2号墓	神川町	方墳（方形周溝墓）	辺6以上	木棺土壙	
32	塩1号墳	熊谷市	前方後方形周溝墓	35.3		
33	塩2号墳	熊谷市	前方後方形周溝墓	30		
34	塩3号墳	熊谷市	方墳（短い前方部分？）	辺20	不明	
35	下田町11号墓	熊谷市	前方後方形周溝墓	17以上	不明	焼成後底部穿孔土器出土
36	石蒔B遺跡8号墳	深谷市	前方後方形周溝墓	23	不明	
37	富田塚越稲荷塚古墳	寄居町	方墳（前方後方墳ヵ）	20以上		
38	塚本塚山古墳	さいたま市	前方後方墳	50以上		
39	高稲荷古墳	川口市	前方後円墳	70以上		木棺粘土床
40	江川山古墳	上尾市	円墳		不明	
41	熊野神社古墳	桶川市	円墳ヵ	38		

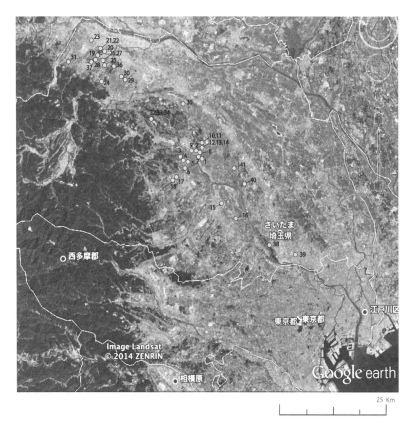

埼玉県内古墳時代前期墳墓分布図

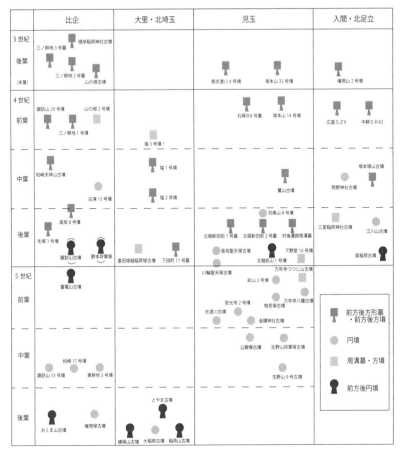

埼玉県内墳墓編年図

時期区分の枠内での前後関係は示していない。
編年図に関しては、以下の資料を参考に、一部改変して作成したものである。
小坂延仁 2009「埼玉県における前期古墳の初期段階と大型古墳の出現」第14回東北・関東前方後円墳研究会発表要旨資料
埼玉県立さきたま史跡の博物館 2010 企画展『埼玉古墳群とその周辺「稲荷山」出現以前の古墳』
坂本和俊 2008「北関東（埼玉・群馬・栃木）の大型古墳の築造動向」第13回東北・関東前方後円墳研究会発表要旨資料

付録3　埼玉県古墳時代前期の外来系土器出土集落遺跡集成

No	遺跡名	所在地	搬入土器類	備考
1	五領遺跡	東松山市	東海（西部）系／山陰系／畿内系（布留式）	
2	反町遺跡	東松山市	東海系（西部）／尾張系／山城系　畿内系／吉備系／北陸系／北陸西部／丹後系	
3	高坂二番町遺跡	東松山市	東海系（西部）	
4	高坂三番町遺跡	東松山市	東海系（東部）	
5	大西遺跡	東松山市	東海系（西部）	
6	代正寺遺跡	東松山市	東海系	
7	下山遺跡	東松山市	東海系	
8	下道添遺跡	東松山市	東海系（西部）／畿内系（布留式）	周溝墓主体
9	番清水遺跡	東松山市	東海系	
10	白井沼遺跡	川島町	東海系（東部）	
11	富田後遺跡	川島町	東海系（東部）	
12	三ノ耕地遺跡	吉見町	東海系	
13	霞ヶ関遺跡	川越市	北陸系／東海系	
14	中耕遺跡	坂戸市	東海系／北陸系／畿内系	
15	稲荷前遺跡	坂戸市	東海系／畿内系	
16	宮裏遺跡	坂戸市	東海系	
17	川越田遺跡	本庄市	畿内系／東海系	
18	後張遺跡	本庄市	東海系（西部）／畿内系高坏	石釧片出土
19	志度川遺跡	美里町	東海系／北陸系／畿内系	
20	南志度川遺跡	美里町	畿内系／東海系（西部）	周溝墓主体
21	田谷遺跡	熊谷市	北陸系	
22	北島遺跡	熊谷市	東海系	
23	東川端遺跡	深谷市	東海系	
24	小敷田遺跡	行田市	東海系	
25	加倉遺跡	さいたま市	北陸系	
26	平林寺遺跡	さいたま市	北陸系／東海系	
27	原遺跡	さいたま市	北陸系	
28	鍛冶屋新田口遺跡	戸田市	東海系	
29	西原大塚遺跡	志木市	東海系	
30	前原遺跡	桶川市	北陸系	
31	加納入山遺跡	桶川市	北陸系	

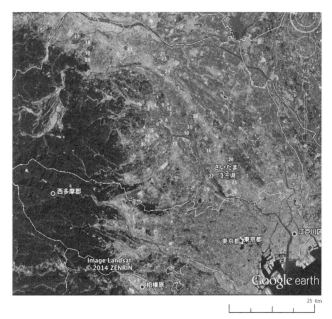

埼玉県古墳時代前期の外来系土器出土集落遺跡分布図

集落遺跡集成の作製にあたっては、坂本和俊氏・太田博之氏からご協力をいただいた他、以下の文献を参考にした。

石坂俊郎 2006『南関東の様相』第 11 回東北・関東前方後円墳研究会 発表要旨資料

柿沼幹夫 2014「荒川中下流域における古墳時代前期前半の付帯施設を有する墳墓」『埼玉考古』第 49 号 埼玉県考古学会

(公財)埼玉県埋蔵文化財調査事業団 2014『ほるたま展 2014 "もの"はどこで作られどこへいったの？～古代埼玉の生産と流通～』

小坂延仁 2009『埼玉県における前期古墳の初段階と大型古墳の出現』第 14 回東北・関東前方後円墳研究会発表要旨資料

埼玉県教育委員会『埼玉県埋蔵文化財発掘調査要覧』・『埼玉県埋蔵文化財調査年報』

坂本和俊 1998「考古学から見た稲荷山古墳の出自」『稲荷山古墳の鉄剣研究 20 年の成果と課題』大東文化大学オープンカレッジ開講 5 周年記念公開講演シンポジウム資料集 大東文化大学エクステンションセンター

坂本和俊 2008『北関東（埼玉・群馬・栃木）の大型円墳の築造動向』第 13 回東北・関東前方後円墳研究会発表要旨資料

執筆者一覧（執筆順）

菅谷文則（すがや　ふみのり）	奈良県立橿原考古学研究所
上野祥史（うえの　よしふみ）	大学共同利用機関法人　人間文化研究機構 国立歴史国立民俗博物館
北條芳隆（ほうじょう　よしたか）	東海大学
坂本和俊（さかもと　かずとし）	大東文化大学（オープンカレッジ講師）
佐藤幸恵（さとう　ゆきえ）	埼玉県東松山市埋蔵文化財センター
水野敏典（みずの　としのり）	奈良県立橿原考古学研究所
永嶋正春（ながしま　まさはる）	大学共同利用機関法人　人間文化研究機構 国立歴史国立民俗博物館（元）
齋藤　努（さいとう　つとむ）	大学共同利用機関法人　人間文化研究機構 国立歴史国立民俗博物館
車崎正彦（くるまざき　まさひこ）	早稲田大学

考古学リーダー－26
市制施行60周年記念事業シンポジウム
三角縁神獣鏡と3～4世紀の東松山

2017年5月31日　初版発行

編　　者　東松山市教育委員会
発 行 者　八木　唯史
発 行 所　株式会社　六一書房
　　　　　〒101-0051　東京都千代田区神田神保町 2-2-22
　　　　　電話 03-5213-6161　FAX 03-5213-6160　振替 00160-7-35346
　　　　　http://www.book61.co.jp　Email　info@book61.co.jp
印刷・製本　藤原印刷株式会社

ISBN 978-4-86445-090-4　C3321　©東松山市教育委員会 2017　　Printed in Japan

考古学リーダー 21　**縄文研究の新地平（続々）** ～縄文集落調査の現在・過去・未来～

小林謙一・黒尾和久・セツルメント研究会 編　242 頁〔本体 3,500 + 税〕

縄文集落研究グループ 15 年の軌跡
　1970 年代・80 年代の考古学界において集落構造論、廃棄パターン論など縄文集落をめぐる議論はわれわれの憧れであった。しかし、魅力的ではあったものの解釈モデルを提示したに過ぎなかった縄文集落論は、調査事例が急増する中で硬直化していった。これに対し、90 年代半ばに全点ドットや接合資料を武器に、徹底したデータ主義と帰納的方法で従来の縄文集落論に反旗を翻したのが縄文集落研究グループである。本書では自分史を含めた同グループ 15 年の歩みを再確認しながら、遺物出土状態の記録化をめぐる葛藤や複雑で理解し難いと批判されてきた彼らがめざす縄文集落研究の姿が熱く語られている。(推薦文より抜粋)

考古学リーダー 22　**古墳から寺院へ** ～関東の 7 世紀を考える～

小林三郎・佐々木憲一 編　206 頁〔本体 3,000 + 税〕

関東地方の豊かな古代へのアプローチ
　古墳の終焉と仏教寺院の成立は、各地の 7 世紀を考える上で重要な鍵となっている。とりわけ関東地方では、後期・終末期の古墳が発達し、地域的な違いを保ちつつ、それぞれが新たな時代に向け展開していった。古墳と寺院の接続についても多様なあり方が把握されている。この転換の背景には、在地勢力の消長があり、さらには国家の地方政策や宗教政策があった。本書を通読することにより、たいへん豊かな関東地方の 7 世紀史が浮かび上がってくるばかりでなく、日本列島における 7 世紀の転換を探る重要な糸口がこの地域の歴史にあることが明瞭となる。(推薦文より抜粋)

考古学リーダー 23　**熊谷市前中西遺跡を語る** ～弥生時代の大規模集落～

関東弥生文化研究会　埼玉弥生土器観会 編　290 頁〔本体 3,600 + 税〕

前中西遺跡は面白い
　埼玉県熊谷市の前中西遺跡をめぐって、埼玉、神奈川、千葉はもとより、周辺の長野・群馬から、また茨城や東北から熱い視線が送られている。それは前中西遺跡が弥生文化の境界域にあって複雑な姿を見せているだけでなく、現代の考古学研究の境界域（空間・時間の）にあるからで、若い研究者をも引き付けて、刺激的な検討が始まった。誰の仮説が正解なのかは、まだ判らない。しかし、前中西遺跡の解明は、今後幾多の苦難・困難を受けつつも克服し、新しい弥生文化像を生み出すに違いない。読者はともに同じ作業に取り込むことになる。(推薦文より抜粋)

考古学リーダー 24　**列島東部における弥生後期の変革** ～久ヶ原・弥生町期の現在と未来～

西相模考古学研究会　西川修一・古屋紀之 編　435 頁〔本体 4,000 + 税〕

　弥生後期は古代国家形成に向かう日本史上とても重要な時代です。本書は、土器、青銅器、鉄器、玉類、貝輪などの動きを通じて、東日本の弥生後期社会の地域間の関係がどうなっているのか、白熱の議論を重ねた研究会の記録集です。社会変動の理由を環境変化に求めた分析や、人々の集合を衢（ちまた）の形成という視点からとらえた挑戦的な分析も新鮮です。北海道の研究者から南洋の文化人類学に強い方まで、さまざまな方のコラムも充実しています。考古学がその独自の方法論によって、歴史の研究に食い込んでいく模範の書といえるでしょう。(推薦文より抜粋)

考古学リーダー 25　**北方世界と秋田城**　　　小口雅史 編　339 頁〔本体 3,800 + 税〕

秋田城と北方世界に迫る
　秋田城の北方交流と出羽国府存否論を主要テーマに、シンポジウムが開催された。秋田城が蝦夷や大陸を含めた交易・交流拠点であったことは、8 世紀に集中する渤海使の度重なる出羽国着岸や元慶二年の夷俘の反乱が秋田県北部を中心に青森・北海道にも影響を及ぼしていたことが傍証している。津軽海峡は鉄や土器など物質文化の交流において境界か。一方、未だ決着をみていない秋田城出羽国府存否論争は遺構や構造論で説明できるのか。また、時には文献史料以上に説得力をもつ墨書土器・木簡・漆紙文書等の出土文字資料は、その解決の糸口となるのか。(推薦文より抜粋)

考古学リーダー
Archaeological L & Reader Vol.1〜20

1. 弥生時代のヒトの移動 〜相模湾から考える〜
   西相模考古学研究会 編　209頁〔本体2,800＋税〕
2. 戦国の終焉 〜よみがえる天正の世のいくさびと〜
   千田嘉博 監修　木舟城シンポジウム実行委員会 編　197頁〔本体2,500＋税〕
3. 近現代考古学の射程 〜今なぜ近現代を語るのか〜
   メタ・アーケオロジー研究会 編　247頁〔本体3,000＋税〕
4. 東日本における古墳の出現
   東北・関東前方後円墳研究会 編　312頁〔本体3,500＋税〕
5. 南関東の弥生土器
   シンポジウム南関東の弥生土器実行委員会 編　240頁〔本体3,000＋税〕
6. 縄文研究の新地平 〜勝坂から曽利へ〜
   小林謙一 監修　セツルメント研究会 編　160頁〔本体2,500＋税〕
7. 十三湊遺跡 〜国史跡指定記念フォーラム〜
   前川 要　十三湊フォーラム実行委員会 編　292頁〔本体3,300＋税〕
8. 黄泉之国再見 〜西山古墳街道〜
   広瀬和雄 監修　栗山雅夫 編　185頁〔本体2,800＋税〕
9. 土器研究の新視点 〜縄文から弥生時代を中心とした土器生産・焼成と食・調理〜
   大手前大学史学研究所 編　340頁〔本体3,800＋税〕
10. 墓制から弥生社会を考える
    近畿弥生の会 編　288頁〔本体3,500＋税〕
11. 野川流域の旧石器時代
    「野川流域の旧石器時代」フォーラム記録集刊行委員会（調布市教育委員会・三鷹市教育委員会・明治大学校地内遺跡調査団）監修　172頁〔本体2,800＋税〕
12. 関東の後期古墳群
    佐々木憲一 編　240頁〔本体3,000＋税〕
13. 埴輪の風景 〜構造と機能〜
    東北・関東前方後円墳研究会 編　238頁〔本体3,300＋税〕
14. 後期旧石器時代の成立と古環境復元
    比田井民子　伊藤 健　西井幸雄 編　205頁〔本体3,000＋税〕
15. 縄文研究の新地平（続）〜竪穴住居・集落調査のリサーチデザイン〜
    小林謙一　セツルメント研究会 編　240頁〔本体3,500＋税〕
16. 南関東の弥生土器2 〜後期土器を考える〜
    関東弥生時代研究会　埼玉弥生土器観会　八千代栗谷遺跡研究会 編　273頁〔本体3,500＋税〕
17. 伊場木簡と日本古代史
    伊場木簡から日本古代史を探る会 編　249頁〔本体2,900＋税〕
18. 縄文海進の考古学 〜早期末葉・埼玉県打越遺跡とその時代〜
    打越式シンポジウム実行委員会 編　208頁〔本体3,200＋税〕
19. 先史・原史時代の琉球列島 〜ヒトと景観〜
    高宮広土　伊藤慎二 編　306頁〔本体3,800＋税〕
20. 縄文人の石神 〜大形石棒にみる祭儀行為〜
    谷口康浩 編　239頁〔本体3,500＋税〕

六一書房刊